모리나가 요우의 일러스트로 보는

# 탱크의 탄생

KB191799

한국의 독자 여러분께서 읽어주셔서 기쁩니다.
"전차의 탄생"에 대해 이것저것 생각해주신다면 행복하겠습니다.
— 2019년 5월 20일  모리나가 요우

〈1卷〉
SHIKABAN SENSHANYUMON 1 MUGENKIDO NO HATSUMEI TO EIKOKUTANKU by Yoh Morinaga
Copyright ⓒ Yoh Morinaga, ⓒ 2016 DAINIPPON KAIGA CO., LTD
All rights reserved.
Original Japanese edition published by DAINIPPON KAIGA CO., LTD

Korean translation copyright ⓒ 2020 by BOOK21 Publishing Group
This Korean edition published by arrangement with DAINIPPON KAIGA CO., LTD, Tokyo, through HonnoKizuna, Inc., Tokyo,
and Eric Yang Agency, Inc


〈2卷〉
SHIKABAN SENSHANYUMON 2 SENSHA NO HAJIMARI DOITSU · FURANSU HEN by Yoh Morinaga
Copyright ⓒ Yoh Morinaga, ⓒ 2017 DAINIPPON KAIGA CO., LTD
All rights reserved.
Original Japanese edition published by DAINIPPON KAIGA CO., LTD

Korean translation copyright ⓒ 2020 by BOOK21 Publishing Group
This Korean edition published by arrangement with DAINIPPON KAIGA CO., LTD, Tokyo, through HonnoKizuna, Inc., Tokyo,
and Eric Yang Agency, Inc

# 모리나가 요우의 일러스트로 보는
# 탱크의 탄생

글·그림 | 모리나가 요우 　 번역 | 전종훈

# 건들건들 추천사

이쪽 방면에 관심이 있는 독자들이라면, 모리나가 요우의 그림이나 책을 한 번쯤은 봤거나 들어봤을 거다. 내 기준에서 깜짝 놀랐던 건, 군사나 일러스트 분야에 문외한인 이가 그의 이름을 알더라는 거다.

"기차 잘 그리는 사람."

이라는 생뚱맞은 대답. 알고 보니 그가 철도 관련 그림도 그렸다는 거다(《신칸센과 차량기지》란 책이 있다는 걸 이제야 알게 됐다. 더불어 이 지인의 '취향'도 유추해 볼 수 있었다). 철덕(철도 마니아)들의 가슴을 요동치게 하는 그림들이 그의 손에서 나온 거였다. 그가 그린 기차와 전철 그림을 보면서 '역시나' 하고 고개를 끄덕였다.

"기계를 데포르메(déformer)하는데 있어선 모리나가 요우를 빼놓고 말하긴 어렵다."

라는 말이 나왔다. 사물을 그리되 있는 그대로를 그리는 게 아니라 변형, 축소, 과장 등을 통해 사물의 특징을 잡아내는 데포르메 작업은 사물을 이해하고, 그걸 자기 방식대로 표현해 내는 과정이라 할 수 있다. 그런 의미에서 모리나가 요우는 '기계를 이해하는 사람'이라고 할 수 있다. 여기서 말하는 '이해'는 단순히 기계의 겉모양을 설명하는 게 아니라 그 기계가 어떤 식으로 작동하고 움직이는지, 또 실제로 어떻게 사용됐는지를 말하는 거다. 이런 이해의 근저에는 작가의 엄청난 취재가 깔려있다. 이번에 나온 《탱크의 탄생》이 그 증거이다.

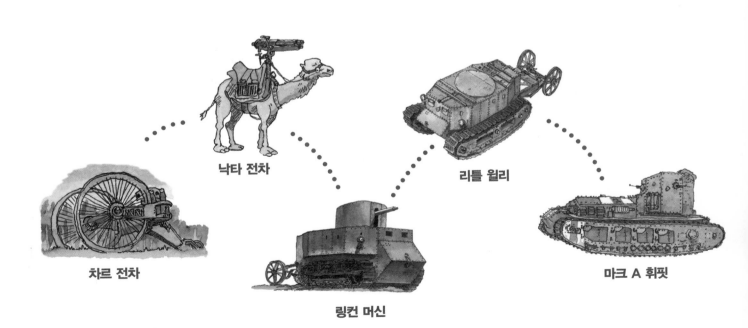

차르 전차

낙타 전차

리틀 윌리

링컨 머신

마크 A 휘핏

1차 대전. 특히나 1차 대전 탱크에 대한 번역서는 드물다. 하물며 그 탱크의 내부와 작동방식 컷 어웨이가 나와 있는 자료는 더더욱 희귀하다. 대단한 건 단순히 그림만 보여주는 게 아니라 이 탱크들이 어떻게 움직였는지를 설명한다는 거다.

유튜브 〈궁극의 전쟁사〉 제1차 대전 탱크 시리즈를 연재할 때 이 책은 크게 도움이 됐다. 세계 최초의 전차인 마크 전차를 소개할 때 3명의 승무원이 스패너를 두들겨 가며 방향전환을 했다는 내용이나, 독일 A7V전차에 손잡이가 달려있다는 것, 인류 최초의 전차전에서 영국군 프랭크 미첼 중위가 지휘하던 4086호 전차 표면에 겨자가스가 도포돼 있었다는 내용 등은 이 《탱크의 탄생》에 나와 있는 내용을 참고했다. 단순한 일러스트집이라고 생각할 수 있지만, 어지간한 책보다 더 많은 정보를 건네주는 게 이 책이다.

　“그림은 거들 뿐!”

이라고 해야 할까? 깨알 같은 정보들을 눈에 넣은 뒤 그림을 살펴보면 이 전차들이 어떻게 움직였고, 활약했는지를 확인할 수 있게 된다. 이것이 〈건들건들〉이 이 책을 독자들에게 권하는 이유다.

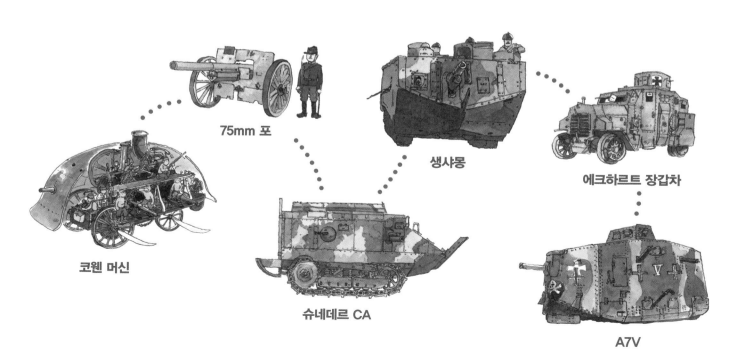

75mm 포

생샤몽

에크하르트 장갑차

코웬 머신

슈네데르 CA

A7V

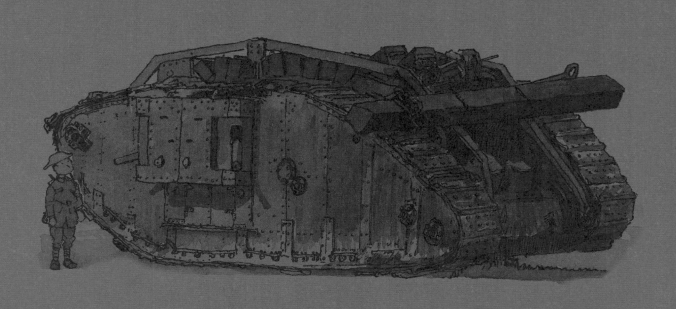

# 무한궤도의
# 발명과
# 영국 탱크

TANKS

II

# 전차란 과연 무엇일까?

근대 전차가 등장하고 100년이 지났습니다. 제1차 세계대전 때 등장한 전차(탱크) – 당시에는 이런 단어가 없었지만 – 는 오늘날의 전차와는 상당히 다른 모습이었습니다. 이 책은 전차의 여명기에 관해 생각하고 만든 책입니다.

대강 표현하자면, 장갑판으로 방어하며 땅 위를 자유롭게 움직이는 화력이 '전차'라고 할 수 있습니다. 다만, 그런 것이 가능할지 몰랐습니다. 육상전함은 동화 속의 이야기였습니다. 아직 내연기관과 증기기관이 서로 주역을 다투던 시대였으니까요. 어쩌면 복잡한 변속기가 필요 없는 전기가 좋을지도 모르겠습니다. 과연 거친 땅을 나아가려면 어떤 바퀴와 주변 장치가 좋을까요? 거대한 바퀴? 무한궤도? 여러 개의 다리를 달자는 아이디어도 있었습니다. 설령 움직인다고 해도 어떻게 하면 방향을 바꿀 수 있을지 시행착오를 계속했습니다. 오늘날에는 탈것의 엔진이 운전사와는 다른 곳에 있지만, 이 이야기는 불안정한 엔진 옆에 딱 붙어서 일하는 기관사가 필요하던 시절의 것입니다. 화기 바로 옆에 휘발유를 둬도 괜찮은지도 몰랐던 그때부터 모든 것은 시작됐습니다.

과연 전차란 무엇인지에 관해 제1차 세계대전 전차 탄생 전후의 영국군 전차를 중심으로 정리해보았습니다. '신무기' 철조망의 본격적 실험 투입과 장갑판으로 둘러싸인 트랙터를 만든 '보어전쟁'(남아프리카 전쟁 1899~1902년)부터 집필했습니다. 개발 과정의 고생과 거기에 관련된 사람들의 고투 등도 짐작해보았습니다. 전차가 만들어진 시절을 떠올리며 상상을 더해 읽어주시면 감사하겠습니다.

**일러두기**

● 원서에서 외래어는 작가 나름의 기준에 따라 구사되었는데, 한국어판에서는 작가의 기준을 따르되 외래어 표기법과 한국에서의 관용적 표현을 참고해 수정했습니다.

● 원서는 연재물을 취합했다는 특성을 최대한 원래대로 드러내고 있습니다. 그러나 한국어판은 한국 독자들의 편의를 고려해 연재 횟수와 잡담 등을 일부 수정했습니다.

1916년에 마크Ⅰ이 등장하고 나서 100년이 지났네.

# CHAPTER
# 01

# 전차 이전
## 화기의 진화와 장갑·동력

# 전차 이전의 시기로!

앞 페이지의 그림은 크림 전쟁 당시에 고안한 장갑 전투차량인 코웬 머신의 상상도입니다.

여기서부터는 오른쪽 페이지의 연표에서 위쪽 부분에 해당하는 내용입니다. 즉, 험한 길을 나아가기 위해 거대 바퀴와 무한궤도를 발명하고 내연기관을 실용화 하기 이전의 이야기에 해당합니다. 19세기 말부터 20세기 초의 사실에 관해서도 여러 설이 있어서 분명하지 않을 정도니, 그 전의 일은 더욱 안갯속에 있습니다. 이렇게 그림을 그려놓고 보니 대부분이 상상해서 그린 그림이 되어버렸습니다. 독자 여러분께서는 '이렇게 파악하는 방법도 있겠구나' 정도로 자유롭게 읽어주시면 좋겠습니다. 그래도 전차 이전의 시기를 조사하면서 '장갑 전투차량'이라는 표현이 정말 본질을 꿰뚫고 있다는 사실을 새삼 깨달았습니다.

방향을 바꿔서 일본 막부 말 미토번에서 만든, 현존하는 전투 우차인 '안진샤'에 관해서도 상상해봤습니다.

# 탱크가 탄생하기까지

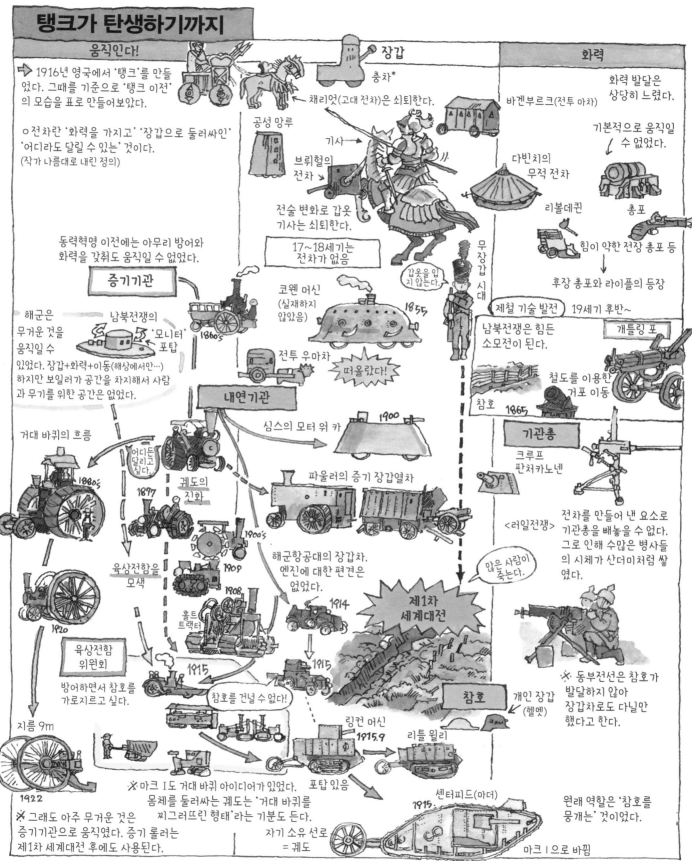

**움직인다!** | **장갑** | **화력**

⇒ 1916년 영국에서 '탱크'를 만들었다. 그때를 기준으로 '탱크 이전'의 모습을 표로 만들어보았다.

○ 전차란 '화력을 가지고' '장갑으로 둘러싸인' '어디라도 달릴 수 있는' 것이다.
(작가 나름대로 내린 정의)

충차*

채리엇(고대 전차)은 쇠퇴한다.

공성 망루

기사 →

브리헐의 전차

전술 변화로 갑옷 기사는 쇠퇴한다.

17~18세기는 전차가 없음

갑옷을 입지 않는다.

무장갑 시대

바겐부르크(전투 마차)

화력 발달은 상당히 느렸다.

다빈치의 무적 전차

리볼데퀸

총포

기본적으로 움직일 수 없었다.

힘이 약한 전장 총포 등

후장 총포와 라이플의 등장

동력혁명 이전에는 아무리 방어와 화력을 갖춰도 움직일 수 없었다.

### 증기기관

해군은 무거운 것을 움직일 수 있었다. 남북전쟁의 '모니터' 포탑 장갑+화력+이동(해상에서만…) 하지만 보일러가 공간을 차지해서 사람과 무기를 위한 공간은 없었다.

1860's

코웬 머신 (실재하지 않았음) 1855

전투 우마차

떠올랐다!

제철 기술 발전 19세기 후반~

남북전쟁은 힘든 소모전이 된다.

개틀링 포

철도를 이용한 거포 이동

참호 1865

### 기관총

크루프 판처카노넨

거대 바퀴의 흐름

### 내연기관

1880's

어디든 달리고 싶다.

1877

궤도의 진화

심스의 모터 워 카 1900

파울러의 증기 장갑열차

<러일전쟁>

많은 사람이 죽는다.

전차를 만들어 낸 요소로 기관총을 빼놓을 수 없다. 그로 인해 수많은 병사들의 시체가 산더미처럼 쌓였다.

육상전함을 모색

1900's

1908

홀트 트랙터 1908

해군항공대의 장갑차. 엔진에 대한 편견은 없었다.

1914

제1차 세계대전

1920

### 육상전함 위원회

방어하면서 참호를 가로지르고 싶다.

1915

1915

참호를 건널 수 없다!

참호

개인 장갑 (헬멧)

※ 동부전선은 참호가 발달하지 않아 장갑차로도 다닐만 했다고 한다.

지름 9m

링컨 머신 1915.9

리틀 윌리

1922

※ 그래도 아주 무거운 것은 증기기관으로 움직였다. 증기 롤러는 제1차 세계대전 후에도 사용된다.

※ 마크 I도 거대 바퀴 아이디어가 있었다. 몸체를 둘러싸는 궤도는 '거대 바퀴를 찌그러뜨린 형태'라는 기분도 든다.

자기 소유 선로 = 궤도

포탑 있음

센터피드(마더) 1915

원래 역할은 '참호를 뭉개는' 것이었다.

마크 I으로 바뀜

*성을 공격할 때 사용하던 수레

## 보충 칼럼 01　고대 전차의 기동력, 핵심은 동물이었다!

☀ 흔히 말하는 고대 전차(채리엇)는 이 책에서 다루지 않았다. 《전쟁의 세계사》에 상세하게 나와 있는데, 좌우간 스피드와 파괴력 모두 고대 수준에서는 무적이었던 것 같다.

전투 코끼리도 '장갑을 두르고 스스로 주행하며 무기도 갖추었다'라는 의미에서 전차이지만, …차는 절대 아니고 코끼리다.

**첫 번째 탱크 이전** ☆ 2003년 여름에 영국 보빙턴에 있는 전차 박물관에 갔다. 전시는 트랙터와 리틀 윌리부터 시작되었다. 생각해보면 당연하지만, 1915년에 '탱크'가 발명될 때까지 이 세상에는 '탱크'가 없었다. '전차'라는 번역어도 그 후에 만들어졌다. 일본어로는 채리엇이나 탱크 모두 '전차'이므로 고대부터 '전차'의 역사가 있을 것 같은 생각이 들었다. 확인해보면 탱크는 1915년에 갑자기 등장했다.

《서부 전선 이상 없다》에서도 '탱크'라고 직접 표기했어.

☆ 여기에서는 '탱크 이전'에 관해 대강 소개하려고 한다. 고대 세계를 석권한 채리엇이었지만, 승마 기술이 발달하면서 사라졌다.

← 질질 끄는 것보다 말에 직접 올라타는 편이 더 빠를 것이다(고대 전차라는 표현은 혼란스러워서 사용하지 않겠다).

《각켄X도감》 (学研の×図鑑)에서는 '충차'라고 표기했다.

☆ 사실은 이 부분부터 쓰지 않으면 의욕이 생기지 않을 것 같다. 기원전 870년 무렵 아시리아의 괴물 전차다. 옆에서 본 부조를 바탕으로 해서 복원되어 있는데 사실은 어떤 모습일지 모르지 않을까?

높이는 3m쯤 된다. 일러스트레이터에 의해 재현되었지만, 이것도 마찬가지로 대강의 모습이다.

살마네세르 3세가 만든 괴물 전차의 개량형이다. 파성 망치를 2개로 만들었지만 그냥 흉내낸 것뿐이다.

• 몽골 기병 학창 시절 세계사에서 배웠지만 이들은 달리는 말 위에서도 활을 잘 쏠 수 있었다고 한다.

이 기술로 세계를 정복했다고 하면 너무 단순화한 걸까?

방어력을 높이기 위해 갑주*가 발달했다. 적진으로부터 날아오는 무기가 발달하면서 이에 대항하기 위해 중장갑화된 것 같다.

방패부터 시작해서 사슬 홑옷, 전신을 덮는 갑옷으로 진화했다.

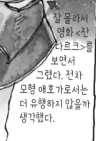

**쓰는 도구의 발달**

보통 힘으로는 갑주를 상대할 수 없다.

보병은 긴 창을 나란히 들고 밀집한다.

기계 구조로 화살을 당기는 쇠뇌

콰직

• 기사들도 밀집해서 돌진한다. 중기병은 소위 돌파 무기였던 것이다.

잘 몰라서 영화 <잔 다르크>를 보면서 그렸다. 전차 모형 애호가로서는 더 유행하지 않을까 생각했다.

*갑옷과 투구

완전 장갑을 한 중기병을 퇴장시킨 것은 무엇일까? 부싯돌 방식 피스톨의 발명 때문인 것 같다. 상당히 접근해서 갑옷의 빈틈(없다면 말)을 쏜다고 한다.

← 당시 그림을 바탕으로 해서 그럴듯하게 그렸다.

↑ 지나치게 단순화했다는 지적도 있지만 말이다.

☆ 유럽에 화약이 전해진 뒤, 아주 조금씩이긴 해도 '쏘는 도구'는 진화해갔다.

그러나 이런 신무기는 대량 준비가 상당히 어려웠다.

1400년 무렵의 이 간단한 대포는 말을 놀라게 하는 정도의 효과는 있었다.

화승총을 묶은 '리볼데퀸' (그림은 1630년 무렵의 것을 바탕으로 해서 그렸다)

근세의 중기병은 무적이었다. 장인이 정성을 다해 만든 갑옷은 공격을 당해도 아무렇지도 않았다.

머스킷 총병. 총신에 나선형 홈이 없어 조금만 멀어져도 절대로 맞지 않는다. 100m 정도면 맞아도 '아얏'하고 느낄 정도라고 한다.

1642~5년 영국 내전 당시의 모습이다.

← 현대의 연강*보다 튼튼했다는 실험 결과가 있다.

그러나 위 그림처럼

피스톨의 등장으로 인해 근세의 중장갑병은 전장에서 사라져 갔다.

### 대포에 관하여

작은 화기 이상으로 대포의 진화도 느렸다. 무엇보다 많은 양의 화약이 필요했고, 발사를 버틸 포신을 만들 수 없었다.

엄청 두껍다.

↑ 대포는 너무 무겁고 단단해졌다. 당시 대포 설치는 '건축'이라고 표현했다.

㊂ 《화기의 탄생과 유럽 전쟁》(火器の誕生とヨーロッパの戦争), 《비주얼 박물관 '전투', '군복'》(ビジュアル博物館「戦闘」,「軍服」)

슈웅~

우와~ 온다, 온다, 온다!

고정된 공성전이라면 어떻게든 됐지만, 야전에서는 아까워서 쓸 수가 없어.

무거워서 움직일 수도 없고 대포 탄생 '움직이는'

17세기 박격포 포탄을 들어 올리는 크레인. 자료가 없다. 바퀴는 있는 것 같다.

이런 이미지일까?

포병의 바람

* 재장전하는 동안 시간이 많이 걸렸기 때문에 조작하는 병사들을 제대로 보호해야 했다. 말하자면, 대포의 탄생과 함께 '화력'이 '움직이고' '방어하는' 전차의 3대 요소를 추구하게 되었다.

것은 포병의 꿈이었다.

⁂ 복장의 색 등은 대충 정해서 그렸다.

*탄소함유량이 적은 강철

16

# 후스파의 바겐부르크

☆ 리델 하트의 《제1차 세계대전》(第一次世界大戰)에서 전차의 시조는 '고대의 안개 속에서 알 수 없게 되었다'라고 했는데, 필자는 아래에서 몇 줄로 소개하기 위해 몇 개월을 소모했다. 여기서는 전차의 기원 중 하나인 '후스 전쟁에서의 전차(카트)'에 관해 다룰 예정이다. 15세기의 후스 전쟁은 '장갑화한 마차'로 유명하다. 이것을 연결해서 요새로 만들었다.

관련된 사람들 사이에서는 유명하다고 한다. 영화에도 나오는 것 같다.

이번에도 그림은 대부분 상상이라 자료 가치는 없다.

후스파의 군사 지도자인 얀 지슈카

필자가 어린 시절 본 것이다. 아마도 짐수레 위에 대포를 올리지는 <움직이는 도시 전차>

못했을 것 같다.

한 대에 15~16명 탑승했다. 주력은 쇠뇌였다.

대포는 마차 사이의 빈틈에!

처음에는 짐수레에 병사를 실었을 뿐이었지만, 나중에 진화했다. 마차를 사슬로 연결하고, 가동식 방호판을 장착했다고 한다.

정규군에 대항하기 위해 고안한 '차량 진지'라고 한다.

장갑은 두꺼운 목재다.

※ 브뤼헐의 그림에 나오는 수상한 전투차량

※ 차량 진지(바겐부르크)는 당시에 무적의 아이디어였던 것 같다. 공성포* 건설에 하루 종일 걸리던 세상에서 충분한 기동성을 갖추었다고 한다.

두두두두

우와   벌써 왔다!

기본적으로는 방어가 중심이었다고 한다.

참고가 될까? 장갑 전투차량 아닌가!?

프리드리히 3세의 차량 요새

● 차량 요새는 약 180대의 전투차량과 35문의 포를 갖추는 정도까지 만들어졌다고 한다. 후스파의 차량 요새는 당시 사람들에게 정말 강한 인상을 남겼다. 《화기의 탄생과 유럽 전쟁》(火器の誕生とヨーロッパの戦争)에는 '후스파의 명성은 독일어를 사용하는 지역 대부분으로 퍼졌다'라고 적혀있다.

● 전차의 바깥쪽이다. 원래 그림은 단순한 벽 같지만, 우에다 선생님이 복원한 것은 이런 느낌이다.

*공성전에서 쓰이는 화포

# 다빈치의 무적 전차

☆ 상당히 헤매면서도 이런 이야기를 시작한 이유는 전차 박물관 해설을 그리면서 문득 '전차란 과연 뭐지?'라는 근본적인 의문이 생겼기 때문이다. 예전 전차 입문서의 첫 페이지에는 이상한 '고대 전차' 그림만 가득했다. 그래서 이야기를 써보았는데 생각보다 그리기 어렵다. 재미로 가볍게 읽어주길 독자 여러분께 부탁드린다.

• 디자인으로는 '역시 천재! 포탄을 피하기 위한 경사 장갑'이라고 말해주고 싶지만, 잘 모르겠다.

㉧ 16세기 초반부터 완성되기 시작한 이탈리아식 축성은 적의 포탄이 접근하지 못하도록 경사지게 했다.

데굴데굴

↑ 이런 이미지일까? 친숙한 브뤼헐의 '악몽 전차'도 상당한 경사 장갑이다.

↓ 다빈치는 유산탄도 고안했다. 방어벽 너머로 쏴서 전부 파괴한다. 그러면 적들은 화염에 쫓기며 아베 마리아를 읊조려야만 하는 상황이 된다.

이번에는 레오나르도 다빈치의 '무적 전차'다. 15세기 말에 그려진 그의 영업용 스케치 안에 들어있다고 한다. '거대한 석궁부터 전함까지 뭐든 설계할 수 있는 기술자'로 영업했다.

사각지대 없음. 철판으로 덮었는지는 분명하지 않다.

여럿이 기어를 돌려서 움직인다. 맡은 역할은 보병을 돕는 것이라 한다. 단순한 기획 메모 같은 것으로 생각한다. 도대체 어떻게 탑승하지?!

※ 무적 전차라는 이름은 《세계의 전차》(世界の戦車)에서 가져왔다.

전쟁은 야만스러운 광기다.
-레오나르도 다빈치(1452-1519)

← 이런 이야기를 한 것과는 달리 의욕적으로 여러 가지 파괴 무기를 고안했다.

해부도와 무기를 같은 종이에 그리기도 했다.

## 회전하는 낫을 장착한 전투 마차

→ 몇 가지 패턴을 생각한 것 같다.

• 전투 마차에 칼날을 장착하는 것은 옛날부터 있던 스타일이다.

• 하지만 다빈치의 발상은 적의 접근을 막는 것을 넘어 적극적으로 적을 베며 나아가는 마차다.

칼날이 달린 전투 마차는 레오나르도 시대에 벌어진 장미 전쟁(1455~85)에서 부활했다고 한다.

→ 고대 로마의 전투 마차

## 빙글빙글빙글

까악

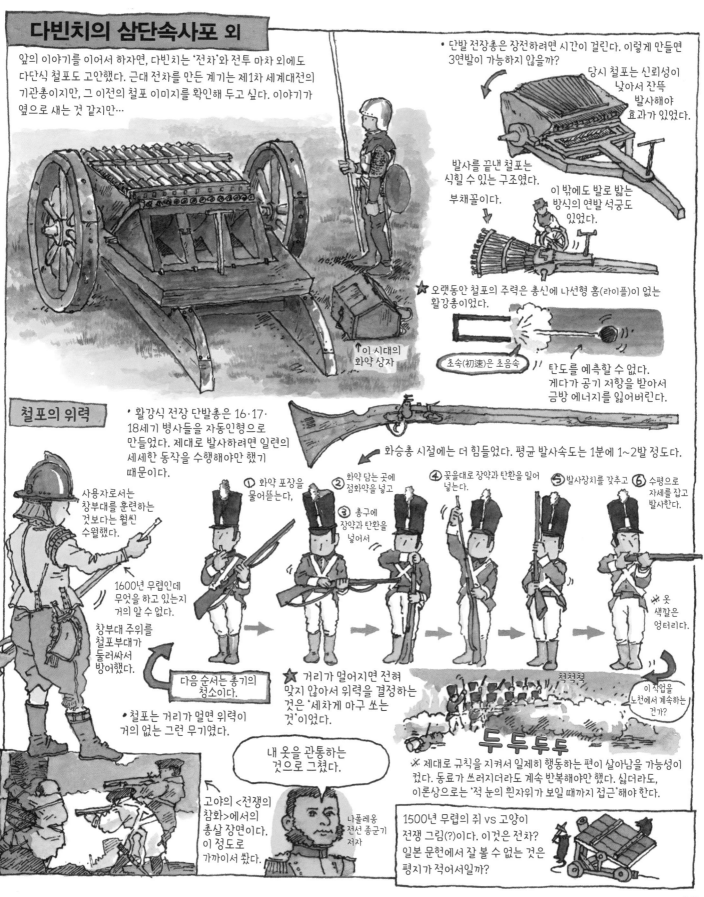

# 다빈치의 삼단속사포 외

앞의 이야기를 이어서 하자면, 다빈치는 '전차'와 전투 마차 외에도 다단식 철포도 고안했다. 근대 전차를 만든 계기는 제1차 세계대전의 기관총이지만, 그 이전의 철포 이미지를 확인해 두고 싶다. 이야기가 옆으로 새는 것 같지만…

• 단발 전장총은 장전하려면 시간이 걸린다. 이렇게 만들면 3연발이 가능하지 않을까?

당시 철포는 신뢰성이 낮아서 잔뜩 발사해야 효과가 있었다.

발사를 끝낸 철포는 식힐 수 있는 구조였다. 부채꼴이다.

이 밖에도 발로 밟는 방식의 연발 석궁도 있었다.

↑ 이 시대의 화약 상자

★ 오랫동안 철포의 주력은 총신에 나선형 홈(라이플)이 없는 활강총이었다.

초속(初速)은 초음속

탄도를 예측할 수 없다. 게다가 공기 저항을 받아서 금방 에너지를 잃어버린다.

화승총 시절에는 더 힘들었다. 평균 발사속도는 1분에 1~2발 정도다.

## 철포의 위력

• 활강식 전장 단발총은 16·17·18세기 병사들을 자동인형으로 만들었다. 제대로 발사하려면 일련의 세세한 동작을 수행해야만 했기 때문이다.

사용자로서는 창부대를 훈련하는 것보다는 훨씬 수월했다.

1600년 무렵인데 무엇을 하고 있는지 거의 알 수 없다.

창부대 주위를 철포부대가 둘러싸서 방어했다.

다음 순서는 총기의 청소이다.

• 철포는 거리가 멀면 위력이 거의 없는 그런 무기였다.

① 화약 포장을 물어뜯는다,
② 화약 담는 곳에 점화약을 넣고
③ 총구에 장약과 탄환을 넣어서
④ 꽂을대로 장약과 탄환을 밀어 넣는다.
⑤ 발사장치를 갖추고
⑥ 수평으로 자세를 잡고 발사한다.

※ 옷 색깔은 엉터리다.

★ 거리가 멀어지면 전혀 맞지 않아서 위력을 결정하는 것은 '세차게 마구 쏘는 것'이었다.

척척척

두두두두

이 작업을 노천에서 계속하는 건가?

내 옷을 관통하는 것으로 그쳤다.

고야의 <전쟁의 참화>에서의 총살 장면이다. 이 정도로 가까워서 쐈다.

나폴레옹 전선 종군기 저자

※ 제대로 규칙을 지켜서 일제히 행동하는 편이 살아남을 가능성이 컸다. 동료가 쓰러지더라도 계속 반복해야 했다. 싫더라도, 이론상으로는 '적 눈의 흰자위가 보일 때까지 접근'해야 한다.

1500년 무렵의 쥐 vs 고양이 전쟁 그림(?)이다. 이것은 전차? 일본 문헌에서 잘 볼 수 없는 것은 평지가 적어서일까?

# 전차가 없던 시대

탱크의 탄생이 가까워 오지만 '탱크(전차)'는 등장하지 않고 있다. 어릴 때 읽은 도감에도 고대-중세의 '전차'는 있지만 근세의 전차는 거의 없다.

르네상스 시대의 상상 전차를 끝으로 전차 같은 것은 역사에서 사라졌다. 17~18세기를 거쳐 19세기 초반까지 느리기는 해도 화포는 꾸준히 진화했다. 추측건대, 대포같이 무거운 것을 손쉽게 움직일 수 없었을 것이다.

신뢰성이 낮은 대포 조립도이다.

◎ 이 시기의 전장포는 '전차'에는 적합하지 않았다. 무겁고 반동이 심해서 뒤로 굴러가 버렸다. 무엇보다 앞에서 포탄을 넣어야 해서 앞으로 이동해야만 했다.

상당한 공간이 필요해!

이런 것이 가능한 것은 전함 정도여야 한다.

↑ 중세 부르고뉴의 인력 크레인이다. 당연한 이야기지만 옛날 사람들은 무거운 것을 움직일 수 없었다!

화약이 있어서 물이 든 통은 필수였다.

정말 화기엄금이었다.

옛날 야포의 바퀴가 큰 것은 끌고 이동할 때 험한 길에서 유리하기 때문이다. 이후의 무기 진화로 이어지는 중요한 포인트다.

하여튼 중기병의 돌격이 중요하다는 거지!

프랑스 흉갑 중기병이다. 이런 흉갑이라도 5~6kg은 나갔다고 한다.

↑ 뒤로 밀려도 괜찮도록 바퀴를 장착했다. 포탄을 장전한 다음 다시 앞으로 보낸다. 자세한 내용은 모르지만 이런 포대는 19세기 후반까지 300년 동안 발전이 없었다. 하지만 '이동 포대'를 실현한 곳이 바다 위뿐이라는 것은 중요한 점이다.

마녀 전차 1700년대

증기기관이 발명되고 나서 다시 양상이 변한다. 희미한 전차의 그림자가…

CATCH ME WHO CAN.

↑ 옛날 도감에 유일하게 있던 이 시대의 '전차'인데, 인력으로 이동해서 마녀 얼굴로 겁먹게 만들었다고 한다. 뭔가 해석을 잘못한 게 아닐까?

우와. 또 장갑 기병으로 돌아와 버렸네.

# 전차의 아버지, 기관총

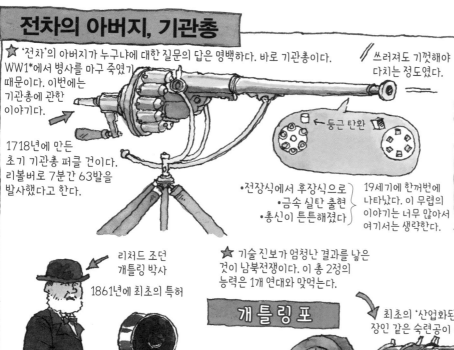

☆ '전차'의 아버지가 누구냐에 대한 질문의 답은 명백하다. 바로 기관총이다. WW1*에서 병사를 마구 죽였기 때문이다. 이번에는 기관총에 관한 이야기다.

1718년에 만든 초기 기관총 퍼클 건이다. 리볼버로 7분간 63발을 발사했다고 한다.

→ 둥근 탄환

• 전장식에서 후장식으로
• 금속 실탄 출현
• 총신이 튼튼해졌다

19세기에 한꺼번에 나타났다. 이 무렵의 이야기는 너무 많아서 여기서는 생략한다.

쓰러져도 기껏해야 다치는 정도였다.

총의 위력이 매우 약했기 때문에 전장에서는 '소리가 나는 쪽으로 돌진하라'고 배운다. 발포 연기에 가려져 아무것도 보이지 않는 시대가 길게 이어졌다.

타타타타

거기냐~!

그래서 군복을 화려하게 만든 건가?

리처드 조던 개틀링 박사

1861년에 최초의 특허

☆ 기술 진보가 엄청난 결과를 낳은 것이 남북전쟁이다. 이 총 2정의 능력은 1개 연대와 맞먹는다.

## 개틀링포

● 병력이 부족해서 이렇게 단번에 대량으로 발사하는 무기가 요긴하지 않았을까? 관습 같은 전통도 유럽 군대에 비해 적었으니, 새로운 기계를 쉽게 받아들였을 것이다.

미국 남부 출신이지만 공업을 하려면 북부로 가야한다고 생각했다.

최초의 '산업화된 전쟁'이라 불린다. 미국은 새로운 나라이고 유럽의 장인 같은 숙련공이 매우 부족했다. 그래서 기계 공업이 발전했다고 한다. 나중의 셔먼 전차 등에서 볼 수 있는 '차가운 합리성'의 뿌리는 이 무렵부터 있었던 것은 아닐까?

그러나 아직 포가 무거워 보병을 위한 무기가 되려면 더 가벼워질 필요가 있었다.

부담이 없다.

확~ 대량생산으로 가자!

☆ 1862년에는 방어벽에 숨어서 싸우는 것은 겁쟁이나 하는 짓이라고 생각하는 사람이 양측 모두 많았다. 하지만 1864년까지 버지니아 북부에는 양측이 만든 참호가 종횡으로 뻗어있었다(《남북전쟁》 南北戦争, 각켄 M문고). 기관총을 제대로 만든 것은 미국인이지만, 갑자기 참호전이 전개되었다.

북군은 이민자들을 항구에서 내리자마자 입대시켰대.

☆ 산업혁명 덕분에 무거운 것도 옮길 수 있게 되었다. 기관차를 이용해 30cm 박격포를 레일 위에서 옮겼다. 엄청난 증기 에너지!?

● 남북전쟁 때 장갑 전함도 등장했기 때문에, 전쟁이 길어졌으면 세계 최초의 '전차'가 등장했을 수도 있었다고 필자는 생각한다.

데구르르

무게는 7.6톤 이었다.

포문이 너무 크다.

다음 내용이 증기라면 화를 낼 건가요?

*제1차 세계대전

# 미토의 전투 우차 '안진샤' ❶

☆ 19세기 중엽 영국에서 제임스 코웬이 '헬멧 전차'를 구상하던 때, 바쿠후 말기 일본에서도 장갑 전투차량 '안진샤'를 제작하고 있었다.

미토 번주 도쿠가와 나리아키가 갑주 기술자 구에 신시치로에게 제작을 지시했다. 윗부분과 주위를 철판으로 두르고 네 개의 총안에서 소총을 발사할 수 있다. 소가 끌고 이동한다(미토 도쇼구의 팸플릿 참조).

웃지 마라.

🌟복장은 나카니시의 《일본의 군장 바쿠후 말기·메이지 편》(日本の軍装 幕末·明治編)을 참고로 했다.

형태는 중국의 우차에서 가져온 것일까?

왜 마차가 아닐까? 일본에는 메이지 시대까지 마차가 없었다. 몰랐다.

교토의 우차를 생각하면 상당히 천천히 진격하지 않았을까?

ⓐ '안진샤'는 보병과 협력하는 무기로 만들었다고 하지만 자세한 내용은 알지 못한다. 좀 더 파고들어 이런저런 상상을 해보려 한다.

'강력한 무기가 없으면 외국과 전쟁을 치를 수 없다!'며 나리아키 공이 여러 가지를 만들게 했다. 25문 정도 만들었다고 하는 박격포인 '대극포'이다.

야만인을 작열탄으로 무찌른다.

미토시의 도키와 신사에 현존한다.

사비로 반사로*를 만들었다.

· '안진샤'는 미토역 북쪽 출구에 있는 미토 도쇼구에 실물이 보존되어 있다(미토시 지정문화재).

여기는 창고인가?

여닫는 곳이 4군데 있다.

데구르르

*금속을 녹이는 데 쓰는 용광로

# 미토의 전투 우차 '안진샤' ❷

☆ 갑주인형 장인 요시다 가즈토요로부터 '안진샤의 소는 갑옷 착용을 구상했던 것 같다'라는 정보를 받고 상상해봤다. '소 갑주'의 예가 없어서 일본의 말 갑주를 바탕으로 해서 만들었다.

• 동남아시아의 우차는 짐수레 위에서 조종했으니, 안진샤도 차내에서 끈을 당겨서 조종했을지도 모른다.

일본의 말 갑옷은 상당한 수준이었던 것 같다. 시대극에서 무시하고 있을 뿐, 여기저기에 현존하고 있다.

무로마치 시대의 것으로 작은 판을 촘촘히 붙였다.

이것은 말 마스크 (탈선이 심해져서 이 정도로만)

하지만 바퀴가 두 개밖에 없어서 소가 쓰러지면 이렇게 되지 않을까?

아뿔싸!

장갑차량은 집중공격을 받기 쉽다.

털썩

### 상세도

클라페(여닫는 곳)

미토에 남아있는 안진샤의 세부 모습이다.

서서 사격할 수 있지만, 아무리 옛날 사람이라도 두 명은 들어가지 못했을 것 같다.

손잡이를 돌려서 안쪽에서 잠글 수 있는 것 같다.

경첩 같은 것이 있어서

앞뒤로 전면 개방할 수 있었던 것 같다.

수레는 원래 것인지 의심스럽다.

해설을 보면 무려 화장실용 덮개가 달려 있다!

접시꽃 문양

용도를 알 수 없는 쇠장식이 지붕에 있다.

측면 창은 미닫이 방식이 아니라 바깥으로 여는 방식이다.

받이(댐퍼)

뒷모습 →

그러고 보니 어디가 앞인지 확인할 수 없지 않았을까?

좌우 측면에 고리가 5×2개 있다.

안진샤는 화장실도 그렇고, 본체 아래의 고리도 그렇고, 글자 그대로 토치카*가 아니었을까? 잠복 지점까지 소로 끌고 간 후 안에서 틀어박혀 있었던 것은 아닐까? 양산되었다면 상륙군에 나름 위협적이었을 것 같다.

☆ 같은 창고 안에 아무런 설명도 없이 한 대가 더 있었다. 전혀 관계가 없을지도 모르지만, 임시로 B형 <후기형>이라고 해두자.

### 안진샤(B형)

뒤에는 아무것도 없다.

지붕도 열리는 것 같다

정지 장치

클라페가 위로 열린다.

탄약 차량이라는 설도 있다. 배의 형태라 경사 장갑 역할을 했다.

열린 상태를 고정해주는 고리

의문의 쇠장식 여섯 개

*단단하게 쌓은 사격 진지

23

## 보충 칼럼 02 지붕 달린 안진샤가 사실은 초기형이었다

✸ 본문에서 임시로 'B형'이라 이름붙인 또 하나의 안진샤가 전기형이라고 <월간 전차도>(月刊 戰車道)에서 분명히 밝혔다. 전쟁으로 받침대가 소실된 것을 전시하는 것이라 한다.

비좁아서 화승총 조작하기가 상당히 힘들었을 것 같다.

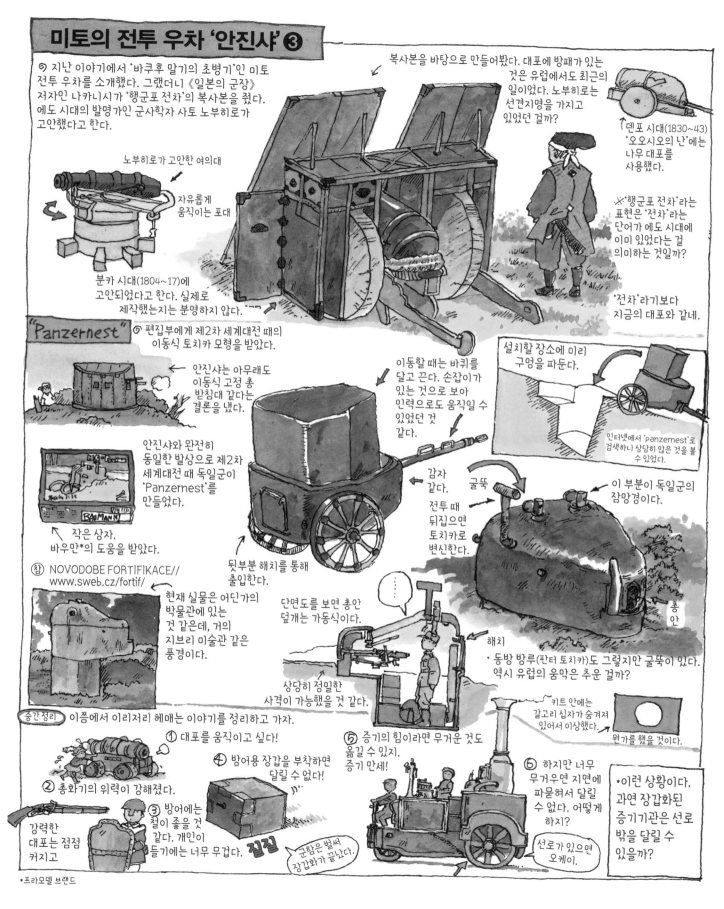

㉮ 지난 이야기에서 '바쿠후 말기의 초병기'인 미토 전투 우차를 소개했다. 그랬더니 《일본의 군장》 저자인 나카니시가 '행군포 전차'의 복사본을 줬다. 에도 시대의 발명가인 군사학자 사토 노부히로가 고안했다고 한다.

복사본을 바탕으로 만들어봤다. 대포에 방패가 있는 것은 유럽에서도 최근의 일이었다. 노부히로는 선견지명을 가지고 있었던 걸까?

노부히로가 고안한 여의대

자유롭게 움직이는 포대

분카 시대(1804~17)에 고안되었다고 한다. 실제로 제작했는지는 분명하지 않다.

덴포 시대(1830~43) '오오시오의 난'에는 나무 대포를 사용했다.

※ '행군포 전차'라는 표현은 '전차'라는 단어가 에도 시대에 이미 있었다는 걸 의미하는 것일까?

'전차'라기보다 지금의 대포와 같네.

"Panzernest"

㉯ 편집부에게 제2차 세계대전 때의 이동식 토치카 모형을 받았다.

안진샤는 아무래도 이동식 고정 총 받침대 같다는 결론을 냈다.

안진샤와 완전히 동일한 발상으로 제2차 세계대전 때 독일군이 'Panzernest'를 만들었다.

작은 상자. 바우만*의 도움을 받았다.

㉣ NOVODOBE FORTIFIKACE// www.sweb.cz/fortif/

현재 실물은 어딘가의 박물관에 있는 것 같은데, 거의 지브리 미술관 같은 풍경이다.

이동할 때는 바퀴를 달고 끈다. 손잡이가 있는 것으로 보아 인력으로도 움직일 수 있었던 것 같다.

감자 같다.

전투 때 뒤집으면 토치카로 변신한다.

뒷부분 해치를 통해 출입한다.

단면도를 보면 총안 덮개는 가동식이다.

상당히 정밀한 사격이 가능했을 것 같다.

설치할 장소에 미리 구멍을 파둔다.

인터넷에서 'panzernest'로 검색하니 상당히 많은 것을 볼 수 있었다.

굴뚝

이 부분이 독일군의 잠망경이다.

해치

• 동방 방루(판터 토치카)도 그렇지만 굴뚝이 있다. 역시 유럽의 움막은 추운 걸까?

총안

중간정리 이쯤에서 이리저리 헤매는 이야기를 정리하고 가자.

① 대포를 움직이고 싶다!

② 총화기의 위력이 강해졌다.

③ 방어에는 철이 좋을 것 같다. 개인이 들기에는 너무 무겁다. 집집

강력한 대포는 점점 커지고

④ 방어용 장갑을 부착하면 달릴 수 없다!

군함은 벌써 장갑화가 끝났다.

⑤ 증기의 힘이라면 무거운 것도 옮길 수 있지. 증기 만세!

키트 안에는 갈고리 십자가 숨겨져 있어서 이상했다.

뭔가를 했을 것이다.

⑥ 하지만 너무 무거우면 지면에 파묻혀서 달릴 수 없다. 어떻게 하지?

선로가 있으면 오케이.

• 이런 상황이다. 과연 장갑화된 증기기관은 선로 밖을 달릴 수 있을까?

*프라모델 브랜드

25

# 코웬 머신 ❶
## 육상 및 해상용 증기기관 파성추

★ 이번에는 영국의 코웬 머신을 소개한다. 1855년 크림 전쟁 기간에 제시된 매우 혁신적인 아이디어였다. 근대 전차의 원조라고 말해도 좋을 것 같다.

↓ 고단샤의 《세계 전차 도감》(図鑑世界の戦車)이나 《각켄 X도감》(学研のX図鑑) 등에서 볼 수 있는 형태이다.

이번에 다시 판매되는 《각켄 대도감》(学研の大図鑑)에서는 형태가 바뀌었다! 새로운 자료가 나온걸까??

소용돌이?

칼날 →

• 철을 만드는 기술도 발전하고, 증기기관도 서서히 육상을 다니게 되었다. 화력·동력·장갑이라는 '전차의 3요소'를 갖추고 있었으므로 조금만 더 있으면 '증기 전차'가 등장할 것 같았다.

키르르르···

차체에 칼날을 장착하는 것은 아마 오른쪽의 녹색이 맞을 것이다. 바퀴에 칼날을 부착한 형태는 로마의 전투전차~다빈치의 살인 마차 이래로 오랜 전통을 가진 스타일이기 때문이다.

그래서 각켄에 문의해봤다.

• 도감은 '전차'와 '도해 전차'로 두 권이 있다.

두 가지 형태가 있나요?

예전 책에서 가져온 내용이라 모르겠네요!

⊚ 1828년의 증기 버스는 아직 잘 달리지는 못한 것 같다.

• 사람을 옮긴다. 인도에서 사용했던 것 같다.

★ 정말 뜬금없이 '장갑 전투차량'이라는 아이디어가 나온 것인데, 여러 이야기는 다음 기회에 하겠다.

우에다 선생님께 여쭤봐서 복사본을 받았다.

↑ 앞에도 조향 바퀴가 있다.

⊚ 1860년대가 되면 증기 자동차(트랙터?)가 상당히 제대로 된 모습을 갖추게 된다. 코웬 머신은 미묘하게 이른 감이 있었던 것은 아닐까?

음? 뭔가 신경이 쓰인다. 영국의 전차 박물관에 문의해봤다. 자세한 내용은 다음에!

예전의 <마루>*(丸)에서 봤어.

마름모꼴 전차에 관한 권위자

데이비드 플레처 님, 당신의 책을 샀습니다.

코웬 머신에 관해 가르쳐 주세요!

*일본의 군사잡지 이름

# CHAPTER
# 02

# 적탄을 튕겨내고,
# 거친 땅을 나아가라

# 편리한 궤도를 모든 곳에서 사용하고 싶다!

전차라는 탈것은 적의 탄환을 튕겨내면서 거친 땅을 나아갑니다. 거친 길이나 황야를 달리기 위한 주행장치는 어떻게 고안하는 게 좋은지에 대한 시행착오가 이 장의 중심 내용입니다.

탈것의 동력을 증기기관에서 내연기관으로 바꾸려고 모색하던 무렵, 바퀴를 크게 만들면 좋다는 발상이 있었습니다. 전투 차량으로 사용하기에는 망가지기 쉬울 것이라는 의견도 있었습니다. 크게 만든다고 해도 조작이나 강도 측면에서 한계가 있었습니다. 여기에 발판을 늘어놓으면 어떨까 하는 생각이 결합되어 무한궤도와 거대 바퀴 사이를 연결하는 탈것도 등장합니다(바퀴를 위아래로 누른 형태의 무한궤도는 여기서 고안한 것이 아닐까 생각합니다).

한편, 거대 바퀴는 나름의 과정을 거치며 트랙터와 같은 독자적인 방향으로 진화했습니다.

거친 땅에서도 선로를 깔아서 철도를 다니게 하면 수송할 수 있습니다(당시 간이철도는 오늘날 상상하는 것보다 일반적이었습니다). 하지만 선로를 까는 것은 힘든 작업입니다. 자기 앞에 직접 선로를 무한히 깔면서 그 위를 가고 싶다는 생각을 실현한 것이 이름 그대로 무한궤도입니다. 소위 말하는 선로가 필요 없는 철도 차량입니다.

무한궤도, 흔히 말하는 '캐터필러'를 장착한 차량은 오늘날 공사 현장 등에서 아주 흔하게 볼 수 있고, 궤도는 당연히 두 개로 정해져 있습니다. 하지만 발명 당시에는 한 개가 좋을지 두 개가 좋을지, 아니면 막대 형태로 만들어보면 어떨지 등 지금은 상상조차 할 수 없는 아이디어가 등장했다 사라졌습니다.

무한궤도가 발명되지 않았다면 발이 가득 달려있는 차량이 주류가 되었을지 모른다는 것도 이번 장을 읽다보면 상상할 수 있을 것입니다.

보통의 전차 입문서들은 대개 홀트 트랙터와 영국의 마크 I(마더 탱크)부터 시작하지만, 여기서는 그 이전 것부터 소개하겠습니다.

# 영국의 증기 장갑 트레일러

↑ 보어전쟁에서 사용한 영국의 '증기 장갑 트레일러'
파울러(Fowler) B5이다.
1900년. 드디어 20세기가
코앞에 왔다.

파울러 증기 트레일러는
당시 가장
강력했던 것 같다.

대포 견인 등에
사용했다.

서커스단 같지만, 철도
가 제대로 되어 있지 않은 곳
에서는 이런 '(장갑) 열차'가 중
요한 역할을 한 것 같다. 남아프리카
에서는 발전기 대신으로도 사용했다는
뜻밖의 이야기도 있다. 파워가 있어서
장갑으로 둘러도 나아갈 수 있는 대단
한 증기기관이었다.

칙칙폭폭…

병사 수송에도 사용한 것
같다. 보급을 위해 이동하는
중에 게릴라의 공격을
방어하기 위해 장갑으로
두른 것이 위의 'B5'였다.

← 하지만 내연기관도 급격히
대두되기 시작했다.

☆ 증기기관의 갑작스러운 쇠퇴도 흥미로운 내용이지만, 이번 코너에서는
바퀴의 거대화에 주목하길 바란다.

장갑으로 둘러싸인
전차가 이동하기
수월하려면 바퀴를
크게 만들면 좋다는
것을 깨달았다.

<참고문헌>
STEAM
ON
THE ROAD

Crown Publishers
Inc.
1974.

1877 fowler (스코틀랜드)

1880's
미끄럼 방지
체인

드디어 전차가
등장하는가!?

31

★ 근대적 전차 탄생을 거쳐 드디어 보어전쟁(남아프리카 전쟁·제2차 보어전쟁 1899~1902년)에 이르렀다.
제1차 세계대전의 '예고편'으로 이후의 전쟁에 등장하는 모습들이 이 시기에 대충 갖추어졌다.

'요새'라고 하는 작은 진지를
철조망으로 둘러싸고 있어.

제1차 세계대전의
전형적인 풍경이야.

단기 결전이 되리라
생각했지만, 진흙탕과
같은 장기전이 되고
말았지.

빈 깡통은 게릴라가
가시철조망을 건드리면 소리를
내서 습격을 알려준다.

처음으로
가시철조망을 사용한
것은 아프리카
사람들인 것 같다.
목장의 담을
설치할 용도로
가시 철선을 잔뜩
사용하고 있었다.

(영국군이 초토화 작전을 수행하여 불
탄 목장은 3만여 곳, 살해당한 양은
약 350만 마리라고 한다. 눈에
보이는 곳은 전부 황야로
만들어 버렸
다는데, 이런 의
미에서도 제1차 세
계대전과 같다고 할
수 있다.)

기록사진을 보면 ↘ 일찍부터 무릎 높이의 악의 돋힌
철조망을 완성한 것을 알 수 있다.

가시철조망 발명은
19세기 중반 미국이었다.
또 미국인가...

영국군은 게릴라전으로 애를 먹었기
때문에 민간인들을 전부 강제 수용소로
보냈다. 당시 수용소에는 가시철조망이 없었다.

★ 보어전쟁의 많은 지휘관은 제1차 세계대전에도 참전했다고
한다. 보어전쟁에서 모든 것이 시작된 것이다.

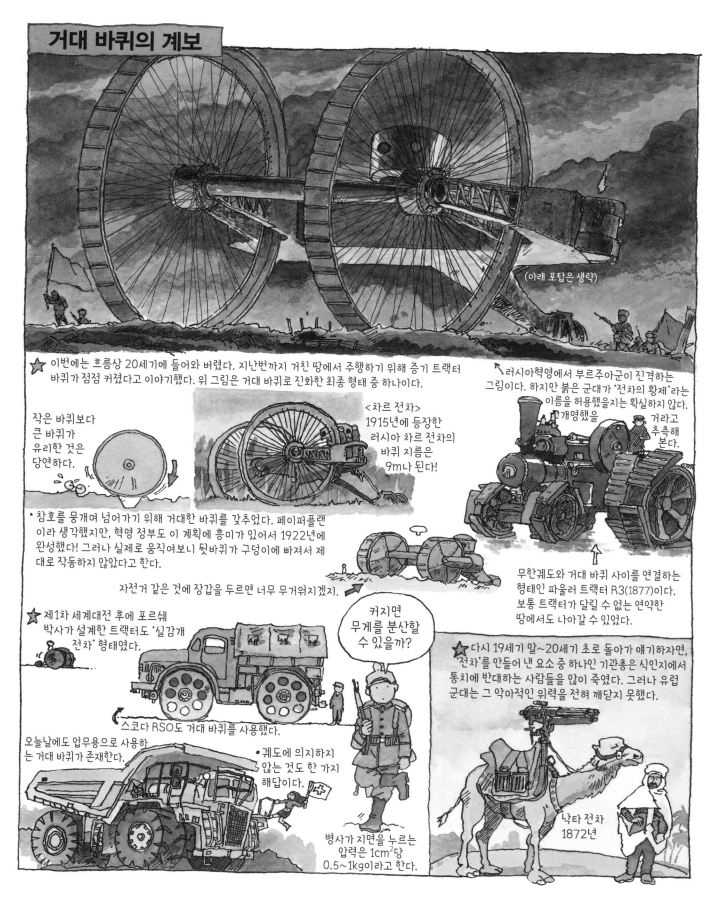

# 거대 바퀴의 계보

(아래 포탑은 생략)

⭐ 이번에는 흐름상 20세기에 들어와 버렸다. 지난번까지 거친 땅에서 주행하기 위해 증기 트랙터 바퀴가 점점 커졌다고 이야기했다. 위 그림은 거대 바퀴로 진화한 최종 형태 중 하나이다.

작은 바퀴보다 큰 바퀴가 유리한 것은 당연하다.

<차르 전차>
1915년에 등장한 러시아 차르 전차의 바퀴 지름은 9m나 된다!

← 러시아혁명에서 부르주아군이 진격하는 그림이다. 하지만 붉은 군대가 '전차의 황제'라는 이름을 허용했을지는 확실하지 않다. 개명했을 거라고 추측해 본다.

• 참호를 뭉개며 넘어가기 위해 거대한 바퀴를 갖추었다. 페이퍼플랜이라 생각했지만, 혁명 정부도 이 계획에 흥미가 있어서 1922년에 완성했다! 그러나 실제로 움직여보니 뒷바퀴가 구덩이에 빠져서 제대로 작동하지 않았다고 한다.

자전거 같은 것에 장갑을 두르면 너무 무거워지겠지.

무한궤도와 거대 바퀴 사이를 연결하는 형태인 파울러 트랙터 R3(1877)이다. 보통 트랙터가 달릴 수 없는 연약한 땅에서도 나아갈 수 있었다.

⭐ 제1차 세계대전 후에 포르쉐 박사가 설계한 트랙터도 '실감개 전차' 형태였다.

커지면 무게를 분산할 수 있을까?

↙ 스코다 RSO도 거대 바퀴를 사용했다.

오늘날에도 업무용으로 사용하는 거대 바퀴가 존재한다.

• 궤도에 의지하지 않는 것도 한 가지 해답이다.

병사가 지면을 누르는 압력은 1cm²당 0.5~1kg이라고 한다.

⭐ 다시 19세기 말~20세기 초로 돌아가 얘기하자면, '전차'를 만들어 낸 요소 중 하나인 기관총은 식민지에서 통치에 반대하는 사람들을 많이 죽였다. 그러나 유럽 군대는 그 악마적인 위력을 전혀 깨닫지 못했다.

낙타 전차 1872년

## 보충 칼럼 04 **차르 전차 이후의 이야기**

차르 전차는 제대로
완성된 것 같다.
1915년 8월, 군 관계자가
지켜보는 가운데 시험
주행했다.

장갑차 15~20대, 비행기
10대분의 제작비

거대한 바퀴는
각 240마력 엔진으로
독자적으로 회전

격추된 체펠린 비행선
엔진을 사용했다.

그래도 힘이 부족했다.

그 후 1919년 테스트를 마지막으로
1923년에 해체가 결정될 때까지
'숲속에서 고독한 세월을 보내며
지나가는 통행인을 놀라게 했다'라고
전해진다.

와!

# 캐터필러의 탄생

☆ 20세기에 들어와 무한궤도가 실용화되었다. '무한궤도'라는 아이디어는 18세기 초부터 존재했지만, 사용할 수 있는 금속이 없었다.

길이 너무 안 좋으면 철도를 깔았다. 초기 무한궤도는 '휴대용 철길'이라고 했다. 'track'의 첫 번째 뜻도 '선로'이다.

도라에몽이잖아!

시끄러워!

거대 바퀴의 진화형인 로비사의 무한궤도 견인차이다.

☆ 혼스비 트랙터(1909년) 데이비드 로버트 사에서 만든 궤도를 장착했다.

↑ 이 '발'이 지면을 치는 소음이 엄청나 바로 제거되었다.

• 국방성 공모에 당선되어 1908년 제작되었는데, 폭이 좁았다. 휘발유로 시동을 걸고, 등유로 변경. 자연스럽게 내연기관으로!

혼스비 외의 채색은 상상한 것이다.

이 트랙터를 장갑으로 두를 수 없을까?

독일에 시찰(1911)하러 갔더니, 기관총을 엄청나게 만들고 있었어.

선견지명을 가진 사람이 있는 법이다.

포스터스 센티피드 무한궤도차

◎ 드디어 '홀트 트랙터'에 이르렀다.

← 배기구는 전통적이다.

1910년 홀트 사는 '캐터필러'라는 상표를 등록한다. →

◎ 궤도가 팽팽하면 저항이 너무 커서 방향을 틀 수 없으므로 약간 느슨하게 한다. 폭이 너무 넓어도 마찬가지로 나아가지 못한다.

대포왕 알프레드 크루프 (1812~1887)

크루프는 신기한 것을 많이 만들었다는 소문이 있지만, 그림으로 된 자료가 없어서 각자의 상상에 맡긴다.

장갑판도 점차적으로 진화했다.

19세기 크루프 사에서 '장갑포'를 기획했다.
(판처카노넨)

병사는 강철판으로 방어!

엿보는 구멍도 있어!

볼 마운트인가? '움직이지 않는 전차'

'포신은 구관절'로 장착했다.

상자 안에서 대포를 쐈더니 소리가 엄청나서 말이야.

제안

내가 들어가서 실험해보겠어!

직원에게 명령해서 마음껏 쏘게 했다.

잘 되어서 이번 에는 직원도.

쾅! 쾅!

귀가…

아이디어는 좋았지만….

(장갑포를 사용한 군대는 없음)

☆ 예전에 소개한 파울러 장갑 트랙터는 '가까운 거리에서 발사한 라이플 탄환을 막았다'라고 한다.

군함은 20Cm 정도의 두께. 육상에서도 사용할 수 있는 장갑판을 만들 수 있게 되었다.

35

track[træk]n.
1. 철도 선로

엔진으로 움직이는
'레일 차량'

세계대전 이후에 만들어진
간단한 선로 사진은 쉽게 볼 수
있다.

선로는 중요하다!

## 심스의 모터 워 카 - 증기를 졸업한 장갑차

★ 1900년 함부르크에서 태어난 영국의 발명가 '프레드릭 심스'가 세계 최초의 내연기관 장갑 전투 차량을 발명한다. 사진이 남아있는데, 생각보다 크다. 런던에서 전시할 때 군으로부터 완전히 무시당했다.

심스

엔진을 발명한 다임러와 친해서 영국 판매를 위해 현지 회사를 만든 사람이다.

일본에서는 '심스 호'라고 불린다.

옆에서 보면 이런 느낌이다.

↑ 복원도에서는 매끈하게 보이지만, 이 정도 크기가 철판 한 장이라고 생각하기는 어렵다. 《각켄×도감》(学研のX図鑑)의 패널라인을 바탕으로 그렸다.

• 앞에서 그린 '코웬 머신'과 달리 모터 위 카는 간단한 내부도가 있어서 참고했다. '수송용'으로는 12명을 옮겼다고 한다. 바닥에도 당연히 판이 깔려있었을 것이다.

장갑판과 기관총 설치는 확실하지 않다.

1898년

웰스의 《우주전쟁》이 출판된 해야.

1인승 사륜 원동기 자전거. 1.5마력 휘발유 엔진을 사용했으며, 이것도 잘 팔리지 않았다.

• 다른 그림에서는 포탑이 달린 것도 남아있는데, 당시에 고안한 것인지는 확실하지 않다.

• '내연기관은 힘이 없다'라는 인식이 강해 스포츠용, 또는 부자들의 장난감이라는 의견도 있었다.

16마력 휘발유 엔진

무엇이든 바로 장갑화하는 것은 주요 판매 대상인 '군부'가 큰 고객이었기 때문이었을 것이다. 계약을 따내면 큰돈을 벌 수 있었다.

휘발유 탱크

★ 같은 시기에 미국에서도 휘발유 엔진 차량에 기관총을 실은 여러 가지 차량이 고안되었다.

↑ 이것은 구상으로 끝난 페닝턴의 유선형 장갑차량으로, 코웬 머신의 흐름을 잇는 것 같다.

하지만 화약 근처에서 휘발유를 사용하는 것에 대해서는 상당한 반발이 있었던 것 같아.

1911년까지 영국군은 그런 사용을 금지했어. 마치 주유소에서 불꽃놀이를 파는 것 같은 느낌이랄까?

덕용

그래서 초기 휘발유 캔은 붉게 칠했다.

휴대용 휘발유통

(장갑이 없어서 장갑차는 아니다.)

기술자는 새로운 것에 새로운 이름을 붙이고 싶어하는 걸까? '미사일'이라거나?

• 맥심 기관총 프로토타입

◎ 꿈의 증기 전차가 만들어질까 하는 타이밍에 순식간에 내연기관이 성장한다. 《기갑 입문》(機甲入門: 機械化部隊徹底研究)에 따르면 맥심이 기관총을 발명한 해는 다임러가 휘발유 내연기관을 발명한 해라고 한다(1883년. 약간 억지스러운가?).

점점 배우들이 갖춰지고 있다. 다음 편부터 제1차 세계대전 발발인가? 싫은 걸…

1897년 독일에서 고안한 증기 전차

도저히 같은 시대라고는 생각할 수 없는 비현실적인 분위기이다.

Motor War Car

지금 보면 전투 차량과 영국 신사다운 패션이 신선하다.

보충 설명. 이런 형태의 탈것에는 어떻게 탑승할까? 사진을 조사하던 중에 우연히 찾았는데, 줄사다리를 내리는 것 같다.

폼폼 포

참 www. alamy.com

다른 각도에서 본 모습. 끝부분은 생각보다 날카롭다.

뼈대가 살짝 보인다.

앞 페이지의 상상도보다 매끈한 것 같다.

외판 3매×2 정도?

# CHAPTER
# 03

# 영국 궤도를 사용해서 달리는
# 독일 황태자

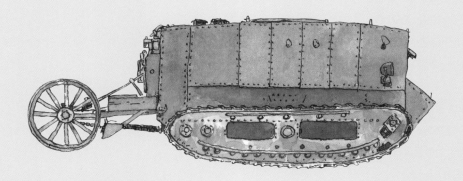

# '근대 전차'를 향한 시행착오

제1차 세계대전이 막 시작된 때에는 병사가 쓰는 헬멧도 없었습니다. 이렇듯 19세기 장비로 임한 전투에서 화포와 기관총이 맹위를 떨치면서 막대한 사상자가 속출했습니다. 프랑스 군인들은 죽는 것은 두렵지 않지만, 개죽음당하는 것은 싫다며 반란을 일으키기도 했습니다.

포탄과 기관총탄이 날아다니는 가운데, 철조망을 짓뭉갠 후 참호를 넘어 나아가는 무기가 필요했고, 당시 해군 장관이며 나중에 영국 총리가 되는 윈스턴 처칠은 육상전함위원회를 만들어 개발에 착수했습니다(처칠은 새로운 것을 좋아했다고 합니다).

어렸을 때 읽은 책에 영국은 인명을 중요하게 여겨서 전차를 만들었다는 내용이 있었습니다. 하지만 지금 생각해보건대 옛날 전법으로는 엄청난 소모전 속에서 이러지도 저러지도 못해 전차를 만든 것 같습니다.

이번 장에서는 실용화 단계에 도달한 무한궤도를 사용하여 참호를 넘고, 철조망을 짓뭉개며 나아가는 탈것을 만들기 위한 시행착오를 소개합니다. 하지만 이미 전쟁은 시작되었기 때문에 무엇을 만들더라도 바로 실전에 투입했습니다.

이렇게 만들어진 세계 최초의 전차가 '리틀 윌리'입니다. 리틀 윌리는 폭 1.5m인 참호를 건너고, 높이 1.36m인 둑을 넘을 수 있는 성능을 갖춘 전차였습니다. 과연 이 전차로 사태를 해결할 수 있었을까요?

●리틀 윌리
중량 14t, 전장 8,077mm

# 기관총과 참호

★ 드디어 제1차 세계대전이 발발한다. 기관총 앞으로 돌격하는 보병은 너무도 무기력해서 시체의 산을 쌓아갈 뿐 아무런 대책이 없었다.

• 제1차 세계대전이 시작되기 10년도 전에 벌어진 러일전쟁에서 기관총은 충분히 위력을 발휘했다. 영국뿐 아니라 각 나라에서 기관총 연구를 진행했지만, '기관총에 맞으면 어떻게 되는지'를 진지하게 받아들이지 않았던 것 같다.

• 동양인과 식민지 사람은 죽어도 상관없었다고 생각했던 걸까?

↑ 결국 큰 대포를 투입한다. 《기관총의 사회사》(機関銃の社会史)에서도 러일전쟁에 관한 기술은 매우 적다.

• 방어를 위해 참호를 만들었는데, 참호는 순식간에 유럽을 가르고 바다로까지 이어져 우회할 수 없게 됐다.

영국군 참호는 비교적 엉성하다.

벨기에 / 독일 / ·파리 / 프랑스

➡ 예상대로 병사의 작은 장갑화가 시작되었다. 가죽이나 천으로 된 모자가 철 헬멧으로 바뀌었다.

↓ 독일군은 '빼앗은 영토'이므로 튼튼하게 참호를 만든다. 포격으로도 파괴할 수 없었고, 영국군이 몇 번이나 공격해도 함락할 수 없었다.

여담 영국군이 기관총에 흥미를 느끼지 않았던 것은 라이플 부대의 전통 때문이라 한다.

타타탕 탄막

일제히 사격하면 기관총과 마찬가지다!

포격 중에는 지하로 숨고, 적이 돌격해오면 나와서 싸운다.

⬅ 이런 것도 있었다. 무거워서 크게 도움이 되지 않았던 것 같지만, 이대로 진화했다면 <바람계곡의 나우시카>에 나오는 장갑병 부대가 되었을지도 모르겠다.

⬅ 근세의 철 헬멧

헬멧이 이런 모양인 것은 라이플을 잘 쏘기 위해서가 아닐까? 어디까지나 개인적인 추측이다.

참 《20세기의 역사 14 제1차 세계대전 (하)》 《20世紀の歴史 第1次 世界大戦 下 (1990)》

독일군 참호가 엉성했다면 역사는 달라졌을 것이다.

✖ 군 상부에서 판단할 때 내연기관 차량은 후방을 털털거리며 달리는 탈것으로, 전장에 있어야 할 존재는 아니었다.

⑂ ↑ 하인츠 구데리안이 자신의 회상록 《구데리안》에도 적었다.

★ 장갑차도 있긴 했지만, 포격으로 뒤집힌 참호와 철조망투성이인 전장을 달릴 수 없었다.

1914년 겨울~

1908년형 롤스로이스를 해군항공대가 장갑화했다. 비행기 탑승원들은 내연기관에 대한 편견이 없었다.

• 여름에는 일반 차량으로 공격했다.

바다 근처에서 체펠린 비행선과 한판 해야지.

아라비아의 로렌스의 (오늘날과 같은) 장갑차 공격은 제1차 세계대전 초기에는 생각조차 없었던 것 같다. 한편 제작했을 때는 달릴 곳이 없어진 상태였다.

## 보충 칼럼 07  전장을 지배한 포병의 위력

Ordnance QF
18 Pounder

ⓒ 전쟁 발발 후 초기 5개월 동안은 기동전이 많아 서로가 노출이
심했기 때문에 양쪽 진영에서 가장 많은 사상자가 발생했다.
또한 전쟁 중 사상자의 70%는 대포 때문이라고 한다(기무라
세이지가 지은 《제1차 세계대전》(第一次世界大戰)). 그러므로
기관총에만 집중하는 것은 조금 부적절하다. 참호전은
낮에는 얼굴도 내놓을 수 없으므로 줄곧 숨어 있는, 이제까지
없었던 전투 형태가 되었다(《세계전쟁(현대의 기점-제1차
세계대전 1권)》(世界戰爭(現代の起点 第一次世界大戰
第1卷)에서 지적).

철조망 수리와 부상자 이송 등은
주로 야간에 이루어졌다. 적에게 모습을
보이지 않는 전쟁은 오늘날까지도
이어지고 있다.

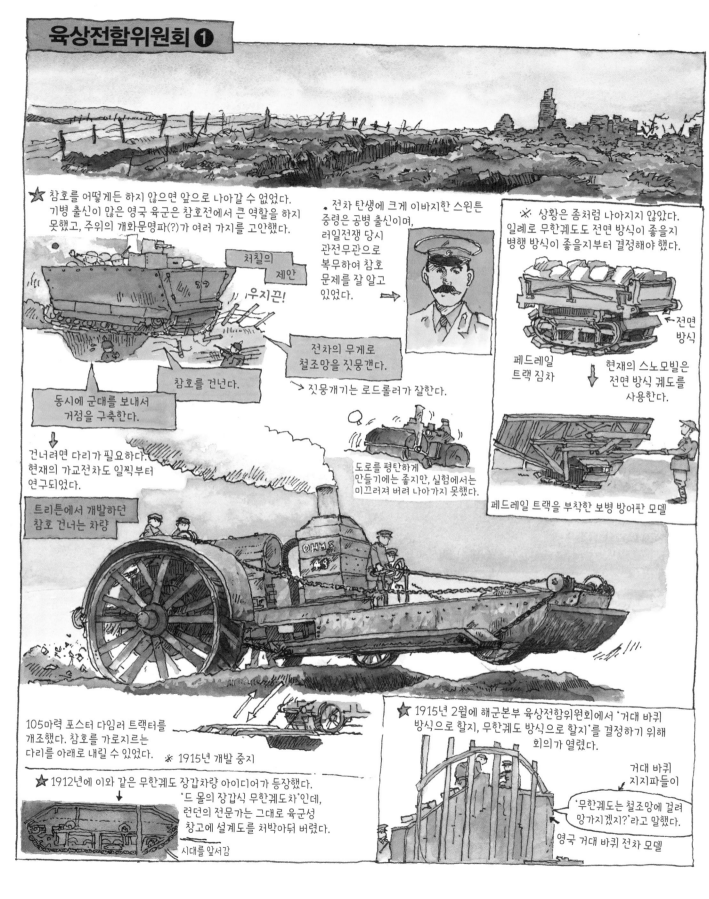

# 육상전함위원회 ❶

☆ 참호를 어떻게든 하지 않으면 앞으로 나아갈 수 없었다. 기병 출신이 많은 영국 육군은 참호전에서 큰 역할을 하지 못했고, 주위의 개화문명파(?)가 여러 가지를 고안했다.

• 전차 탄생에 크게 이바지한 스윈튼 중령은 공병 출신이며, 러일전쟁 당시 관전무관으로 복무하여 참호 문제를 잘 알고 있었다.

☀ 상황은 좀처럼 나아지지 않았다. 일례로 무한궤도도 전면 방식이 좋을지 병행 방식이 좋을지부터 결정해야 했다.

처칠의 제안

우지끈!

참호를 건넌다.

전차의 무게로 철조망을 짓뭉갠다.

→ 짓뭉개기는 로드롤러가 잘한다.

전면 방식

페드레일 트랙 짐차

현재의 스노모빌은 전면 방식 궤도를 사용한다.

동시에 군대를 보내서 거점을 구축한다.

건너려면 다리가 필요하다. 현재의 가교전차도 일찍부터 연구되었다.

도로를 평탄하게 만들기에는 좋지만, 실험에서는 미끄러져 버려 나아가지 못했다.

페드레일 트랙을 부착한 보병 방어판 모델

트리튼에서 개발하던 참호 건너는 차량

105마력 포스터 다임러 트랙터를 개조했다. 참호를 가로지르는 다리를 아래로 내릴 수 있었다.

※ 1915년 개발 중지

☆ 1912년에 이와 같은 무한궤도 장갑차량 아이디어가 등장했다. '드 몰의 장갑식 무한궤도차'인데, 런던의 전문가는 그대로 육군성 창고에 설계도를 처박아둬 버렸다.

시대를 앞서감

☆ 1915년 2월에 해군본부 육상전함위원회에서 '거대 바퀴 방식으로 할지, 무한궤도 방식으로 할지'를 결정하기 위해 회의가 열렸다.

거대 바퀴 지지파들이

'무한궤도는 철조망에 걸려 망가지겠지?'라고 말했다.

영국 거대 바퀴 전차 모델

☆ '육상전함위원회①'에서 이어지는 이야기다.
참호를 건너고 철조망을 짓뭉개야 하기 때문에

나름의 길이와 중량이 필요했다. 나아가 '중간지대에서 방향을 바꿔 적 참호 옆에 댈 수 있는' 전차를 구상했다.

### 페드레일 육상전함 (1915)

→ 페드레일 육상전함(섀시)
드디어 완성해서 연습장에서 실험에 돌입!

↘ 거친 땅을 고르기 위한 롤러

...... 실패였다.

.... 움직이지 않는다. 어딘가 전철 차량처럼 보인다.

### 분할식 블록 무한궤도 견인차 1915

⑨ 이것은 다른 아이디어다. 두 대의 트랙터를 연결하면 앞 차량이 빠져도 뒤 차량이 끌어낼 수 있지 않을까? 그리고 단선이 아니라 평행한 궤도를 사용하면 동작의 자유도가 높아질 텐데!

핸들 →
좌석 →
시카고에서 제작한 블록 무한궤도 견인차
→ 라디에이터

이론대로라면 '무한궤도 4개를 가지고, 중앙에서 자유롭게 방향을 틀 수 있는 견인차 한 대'를 완성해야 했지만,

.... 완전 실패다! 연결장치는 복잡하다.

그 후 '코끼리 다리'라고 부르는 나무 기둥을 붙여서 가라앉지 않도록 한 버전도 만들어봤다.

이것도 실패!

← 킬렌 스트레이트 무한궤도 견인차에 장갑화한 전투실을 실은 것이다. 영국에서는 '세계 최초의 장갑 궤도 차량'이라 말한다.

☆ 그 무렵 러시아에서도 장궤식 전투차량 실험을 진행하고 있었다고 한다. 러시아는 일찍부터 장갑차를 도입했기 때문에 초기부터 무장되어 있었다.

베드데호트 장궤식 전투차량. 러시아혁명과 예산 문제로 계획이 중지되었다.

1915년 6월 무렵에는 육상전함이 궤도 방식으로 정해져 영국식 거대 바퀴 전차는 빛을 보지 못하고 끝났다. 그래서 드디어 '리틀 윌리 편'을 소개할 예정이다.

단선 궤도 ↑

↘ 바깥쪽에 있는 두 바퀴로 방향을 조정했다(작동하지 않음).

## 보충 칼럼 09  킬렌 스트레이트 소형 트랙터에 관해서

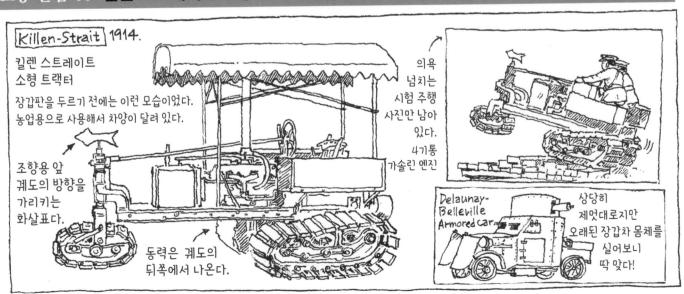

Killen-Strait 1914.

킬렌 스트레이트
소형 트랙터

장갑판을 두르기 전에는 이런 모습이었다.
농업용으로 사용해서 차양이 달려 있다.

조향용 앞
궤도의 방향을
가리키는
화살표다.

동력은 궤도의
뒤쪽에서 나온다.

의욕
넘치는
시험 주행
사진만 남아
있다.
4기통
가솔린 엔진

Delaunay-
Belleville
Armored car.

상당히
제멋대로지만
오래된 장갑차 몸체를
실어보니
딱 맞다!

# 리틀 윌리(상)

Little Willie

1882 ～ 1951
Wilhelm von Preußen

최초의 탱크인 '리틀 윌리'는 독일 황제 빌헬름 Ⅱ세의 아들 이름에서 가져왔다. 영국인들의 생각도 참….

WWI 당시는 이미 어른이었다.

빌헬름 황태자

※윌리엄 트리튼 씨의 이름에서 가져왔다는 설도 있다.

1915년 7월 링컨에 있는 윌리엄 포스터 사에 육상전함위원회의 발주가 있었다. '미국에서 입수한 블록형 궤도를 사용해서 전장궤식 '일체형 무기'를 제조해달라'는 주문이었다. 이것이 '리틀 윌리'의 전신인 '1호 링컨 머신'이다.

The Number One Lincoln Machine
제조 중에 찍은 사진

상자를 조립하고 나서 구멍을 뚫고 있네!

링컨에 있는 윌리엄 포스터 사의 사장 윌리엄 트리튼

← 궤도를 나중에 설치하는 '로코 방식'이다!

포스터 다임러 견인차

다임러 6기통 105마력 엔진

° 리벳 피치는 '대들보 제조회사의 피치 약 140mm'였다. 시험 제작이라서 장갑은 없고 보일러용 철판을 사용했다.

엔진과 기타 동력 장치는 전부 그대로 사용했다.

No.1 Lincoln Macine

우선 포탑을 만들었고, 주요 무장은 비커스 2파운더 폼폼 포였다. 장갑차에 포탑을 만든 것은 자연스러운 구상이었던 것 같다. 최초의 전차도 포탑은 있었다!

※다만, 차내는 구동계로 가득해서 포를 설치해도 조작하는 사람이 있을 장소가 없었던 것 같다. 포탑이 회전했는지도 알 수 없다.

참고로 한 오스프리의 뉴 뱅가드 《British Mark 1 Tank 1916》에는 관측창에 덮개가 없어서 그것을 따랐다.

틀·궤도·전환 바퀴·기동 바퀴 등 완전한 세트를 그대로 사용했다.

1915년 8월, 시카고에서 가져온 '블록 클리핑 그립 트랙터사'의 궤도는 납작했다고 한다.

방호 시트. 차체 위에 구조물이 있다.

당시 기록사진을 보면 궤도가 상당히 짧은 것을 알 수 있다. 일반 국민들이 쓰는 용도로는 이 정도도 긴 편이었던 것 같다.

'물고기 배처럼' 휘어지게 개량했다.

이건 못쓰겠네.

새로 설계해야지.

트리튼

육상전함 위원회의 해군 윈슨

서둘러서 영국식 새 궤도를 만든다.

일반 국민들의 생활을 위해 쓰이는 용도여서 금방 느슨해졌고 강도도 불안했다.

☆ 1915년 9월 9일에 1호 링컨 머신은 첫 주행을 했지만, 많은 문제가 발생해서 전혀 도움이 되지 않았다(9월 6일이라는 설도 있다).

모형을 손에 넣었다!? 1903년에 웰스가 생각한 육상 전함은 이런 모습이었다.

종이 모형

H.G.wells Land Ironclad

★'리틀 윌리'를 개발하던 이 시기에 1915년 여름 프랑스 솜에서 영국·프랑스 연합군과 독일군이 벌인 솜전투가 있었는데, 이 전투에서 영국군 병사들의 사망자 수가 역사상 가장 많았다.

## 보충 칼럼 10  측후방에서 본 리틀 윌리

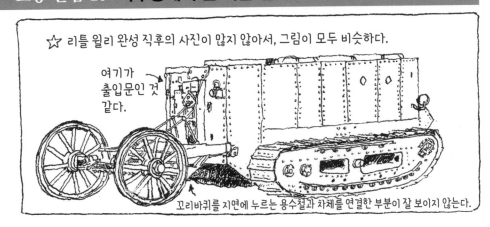

☆ 리틀 윌리 완성 직후의 사진이 많지 않아서, 그림이 모두 비슷하다.

여기가
출입문인 것
같다.

꼬리바퀴를 지면에 누르는 용수철과 차체를 연결한 부분이 잘 보이지 않는다.

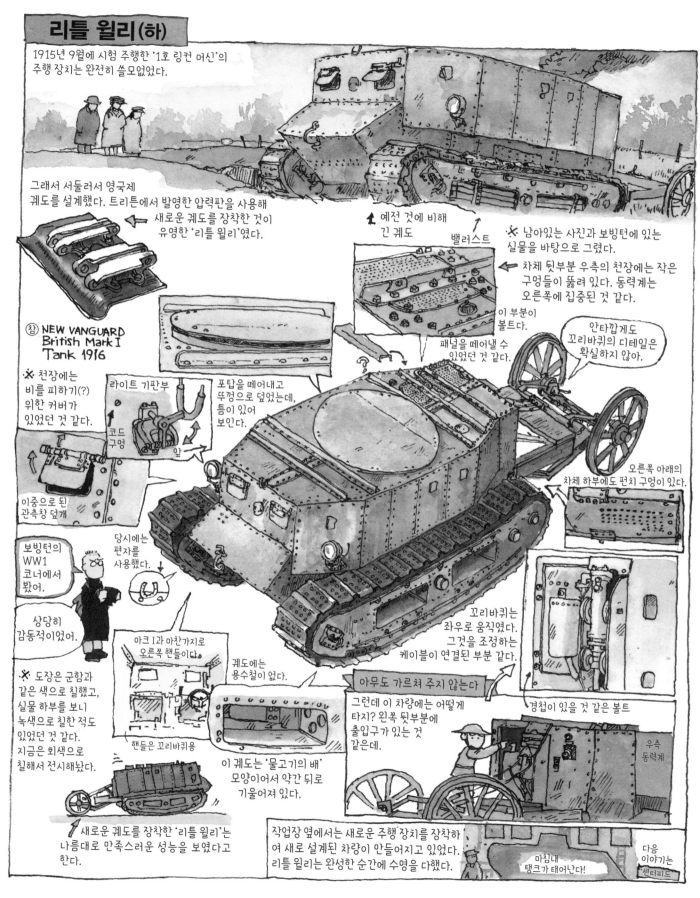

# 리틀 윌리(하)

1915년 9월에 시험 주행한 '1호 링컨 머신'의 주행 장치는 완전히 쓸모없었다.

그래서 서둘러서 영국제 궤도를 설계했다. 트리튼에서 발명한 압력판을 사용해 새로운 궤도를 장착한 것이 유명한 '리틀 윌리'였다.

참 NEW VANGUARD British Mark I Tank 1916

※ 천장에는 비를 피하기(?) 위한 커버가 있었던 것 같다.

라이트 기판부

코드 구멍

앞

이중으로 된 관측창 덮개

보빙턴의 WW1 코너에서 봤어.

상당히 감동적이었어.

당시에는 편자를 사용했다.

※ 도장은 군함과 같은 색으로 칠했고, 실물 하부를 보니 녹색으로 칠한 적도 있었던 것 같다. 지금은 회색으로 칠해서 전시해놨다.

예전 것에 비해 긴 궤도

밸러스트

이 부분이 볼트다.

패널을 떼어낼 수 있었던 것 같다.

포탑을 떼어내고 뚜껑으로 덮었는데, 틈이 있어 보인다.

※ 남아있는 사진과 보빙턴에 있는 실물을 바탕으로 그렸다.

차체 뒷부분 우측의 천장에는 작은 구멍들이 뚫려 있다. 동력계는 오른쪽에 집중된 것 같다.

안타깝게도 꼬리바퀴의 디테일은 확실하지 않아.

오른쪽 아래의 차체 하부에도 펀치 구멍이 있다.

마크 I과 마찬가지로 오른쪽 핸들이다.

궤도에는 용수철이 없다.

핸들은 꼬리바퀴용

이 궤도는 '물고기의 배' 모양이어서 약간 뒤로 기울어져 있다.

새로운 궤도를 장착한 '리틀 윌리'는 나름대로 만족스러운 성능을 보였다고 한다.

꼬리바퀴는 좌우로 움직였다. 그것을 조정하는 케이블이 연결된 부분 같다.

경첩이 있을 것 같은 볼트

우측 동력계

아무도 가르쳐 주지 않는다

그런데 이 차량에는 어떻게 타지? 왼쪽 뒷부분에 출입구가 있는 것 같은데.

작업장 옆에서는 새로운 주행 장치를 장착하여 새로 설계된 차량이 만들어지고 있었다. 리틀 윌리는 완성한 순간에 수명을 다했다.

마침내 탱크가 태어난다!

다음 이야기는 '센티피드'

## 사진 칼럼 01  리틀 윌리와 포탑 뚜껑

보빙턴의 탱크 박물관에 있는 리틀 윌리입니다.
위쪽 사진은 포탑을 제거하고 구멍을 막은 판을
찍은 것인데, 이렇게 설명하지 않으면 무슨
사진인지 알 수 없습니다. 지금이라면 유튜브를
통해 누구라도 리틀 윌리를 위에서 볼 수 있습니다.
하지만 제가 취재했던 당시에는 리틀 윌리의 이
부분을 보려면 영국까지 가는 수밖에 없었습니다.
그리고 지금은 제한선이 있어서 이렇게 가까이
가서 사진을 찍을 수 없습니다. 아래쪽 사진에서
조종석 창 부분이 찌그러져 있는 것은 원인을 알
수 없는 손상으로 철판이 벗겨져서 구멍이 생겼기
때문입니다. 내부에서 뭔가가 폭발한 것일지도
모르겠습니다. 그리고 궤도 사이에 있는 사각 홈
측면에 둥근 구멍이 네 개 있는 것도 주의해서
봐주세요.

50

# 육상전함이지만 탱크라 불러라!

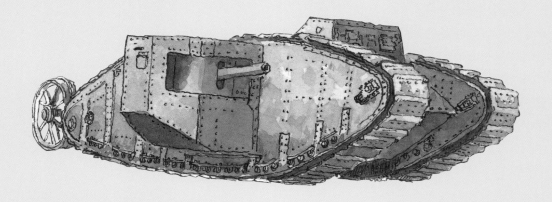

# 드디어 전장에 등장한 원조 근대 전차

거대한 바퀴가 마름모꼴로 찌그러지고, 무한궤도가 차체 전체를 둘러싸고 있는 탈것이 바로 마름모꼴 전차입니다. 마름모꼴 앞부분이 들려 있는 것은 장애물을 넘어가기 위해서입니다. 이것은 거대 바퀴 기능의 흔적이라고 할 수 있습니다.

무장이 돌출 측면 포탑인 것은 옆에 설치해서 발사하기 위해서라고 생각합니다. 차체를 옆으로 향해서 사격하는 것은 군함의 편현 사격과 같은 발상이므로, 전차를 육상전함이라고 부를 만도 합니다. 게다가 차체 뒤에 꼬리바퀴가 붙어있어서, 이 바퀴로 방향을 조종하는 것도 배가 방향타로 방향을 바꾸는 것과 비슷하다고 생각합니다. 어디까지나 제 생각입니다만.

차체에 위장색을 칠했지만, 전장에 나가면 전체가 진흙투성이가 되어 위장색의 의미가 없었습니다. 모든 것이 처음이어서 예상하지 못한 일이 계속 일어난 것 같습니다.

무엇보다 중요한 사실은 이때 '탱크'라는 표현이 생겼다는 것입니다.

●마크 Ⅰ 전차
중량 28t(남성형), 27t(여성형), 승무원 8명, 6파운더 포×2문 + 기관총 4정(남성형), 기관총 5정(여성형), 장갑 두께 6~12mm, 다임러 포스터의 가솔린 엔진 105마력, 속도 5.95km/h, 길이 9,906mm, 폭 4,191mm(남성형), 4,368mm(여성형), 높이 2,438mm

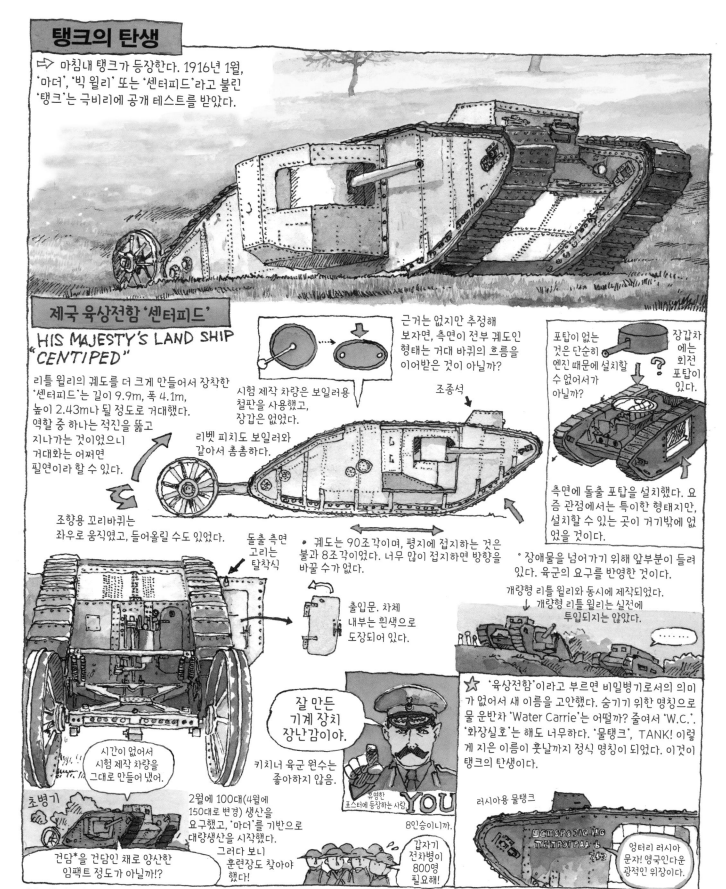

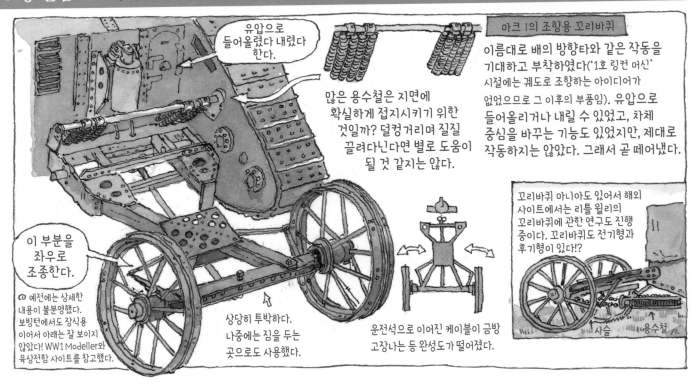

유압으로 들어올렸다 내렸다 한다.

많은 용수철은 지면에 확실하게 접지시키기 위한 것일까? 덜컹거리며 질질 끌려다닌다면 별로 도움이 될 것 같지는 않다.

마크 I의 조향용 꼬리바퀴

이름대로 배의 방향타와 같은 작동을 기대하고 부착하였다('1호 링컨 머신' 시절에는 궤도로 조향하는 아이디어가 없었으므로 그 이후의 부품임). 유압으로 들어올리거나 내릴 수 있었고, 차체 중심을 바꾸는 기능도 있었지만, 제대로 작동하지는 않았다. 그래서 곧 떼어냈다.

이 부분을 좌우로 조종한다.

⌁ 예전에는 상세한 내용이 불분명했다. 보빙턴에서도 장식용 이어서 아래는 잘 보이지 않았다! WW1 Modeller와 육상전함 사이트를 참고했다.

상당히 투박하다. 나중에는 짐을 두는 곳으로도 사용했다.

운전석으로 이어진 케이블이 금방 고장나는 등 완성도가 떨어졌다.

꼬리바퀴 마니아도 있어서 해외 사이트에서는 리틀 윌리의 꼬리바퀴에 관한 연구도 진행 중이다. 꼬리바퀴도 전기형과 후기형이 있다!?

↑ 사슬 ↑ 용수철

★ 1916년 세계 최초의 '탱크' 생산이 시작되었다. 탱크의 기본 형상은 ㄴ자형으로 뼈대를 만들고, 거기에 장갑판을 리벳과 볼트로 고정했다. 중추부 장갑은 두께 10mm, 그 밖의 부분은 두께 6mm였다고 한다. 앞에서도 언급했지만, 시험 제작한 전차를 손볼 여유가 없어서 '마더'와 거의 같은 형태로 만들었다.

꼬리바퀴 부분에 예비 연료통을 넣어두었다.

단면 라디에이터 변속기 엔진 운전석

꼬리바퀴는 와이어로 움직일 수 있지만, 힘만 많이 들고 잘 움직이지 않았다.

→ 게다가 훈련 때 망가져서 떨어지는 일도 있었다.

기관총 탄환은 여기에

궤도의 바퀴는 아래에만 있고, 상부는 레일로 되어있다. 타미야*의 샤를 b1과 같다.

뒷부분에 위치한 라디에이터 변속 장치

차체 천장에도 '맨홀형' 해치가 있다.

담당 보조 변속기어 자가 레버는 여기. 항상 붙어있었다.

뒷부분에 문이 있다.

예비 탄약이 가득차 있다.

차체 구석구석에 총구멍이 있었다.

돌출 측면 포탑은 탈착식

배기 출구

크랭크축

엔진은 가운데에 있었다. 미드십이라고 해야 할까?

돌출 측면 포탑 뒷부분에 출입문이 있다.

6파운더 포

엔진 덮개

※ 열차로 이동할 때는 돌출 측면 포탑을 떼어낸다.

탄약은 가솔린 탱크 옆에 있었다.

꼬리바퀴용 조종 핸들

포 생산 일정이 맞지 않아서 기관총탑을 급히 만들었다.

연료탱크는 궤도 사이에 들어 있다.

중력을 이용하므로 앞부분이 아래로 내려가면 엔진에 가솔린이 주입되지 않을 뿐만 아니라 위험하기도 하다.

앞쪽 끝을 혼(horn)이라 부른다.

스프링 없음

포가 붙어있는 것을 '남성형(male)' 이라고 불렸다.

사용하지 않는 출입 해치. 이쪽을 '여성형(female)'이라고 했다.

※ 외부에서 가솔린을 넣는 주입구가 없는 것 같다. 호스를 차내로 넣는 걸까? 상당히 힘들었을 것 같다.

20~30마일 이동하면 끊어지는 궤도

(참) British Mark I Tank 1916 (OSPREY)
(탱크 박물관의 실제 전차)

엔진 배기가스는 천장에서 밖으로 나간다. 연통을 장착한 증기 트랙터의 전통을 이어받은 것일까?

링컨에 있는 포스터 사는 주문을 처리하지 못해 버밍엄에 있는 메트로폴리탄 사가 70%를 생산했다.

훈련소는 셋퍼드(Thetford)라는 곳의 아이비 경의 사유지(!)에 있었다.

이런, 병사에게 말이 전달되지 않아!

캥거루처럼 달린대.

물속을 헤엄친다는 소문도 있어.

• 솔로몬 위장색
마크 I의 위장색은 화가이자 공병 중령인 솔로몬 씨가 담당했다. 녹색, 노란색, 갈색에 핑크도 사용했다.

장갑판과 궤도는 글래스고에서 생산했다.

Glasgow
Lincoln
Coventry
BIRMINGHAM
Thetford
London

기계 부품은 코벤트리에서 생산했다.

소집된 병사는 기관총과 포 훈련을 한 다음 전차에 탑승했지만, 돌출 측면 포탑이 없는 상태였다고 한다. 생산이 전혀 따라가질 못했다.

*일본의 유명 프라모델 제작회사 - 옮긴이

실전에서는 진흙투성이가 되어 바로 폐지했다.

## 보충 칼럼 12  최초의 전차병

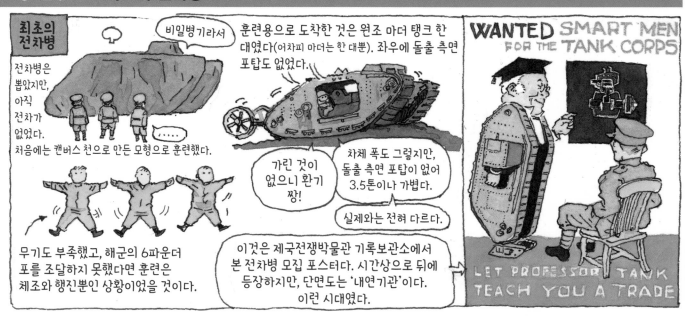

☆ 이번에는 최초의 전차병에 관한 이야기이다.

강화 가죽 모자 →

옷은 상·하의 일체형이었다.

마크 I은 8명의 승무원이 필요했다.

영국군 헬멧은 차양이 방해되어 차내에서는 사용하지 않았을 것 같다.

조종사    포수    장전수

함장

오른쪽 조타수
왼쪽 조타수

포수    장전수

〈앞〉

← 얼굴 마스크. 처음부터 있었는지는 분명하지 않다.

조타수는 이 부근에 위치한다.

엔진을 만지면 화상을 당하고 더러워져 위에 옷을 덧입은 것 같다 (장교는 가죽으로 된 옷이었다).

전차병 헬멧은 파란색으로 칠했다고 한다.

연통

꼬리바퀴용 핸들

### 엔진 스타트!

하나, 둘

'4인 작업'이며, 실제로는 앞쪽에 두 명이 더 있다.

• 차내의 크랭크축을 돌려서 엔진 시동을 건다.

거듭 말하지만, → 현가장치가 없어서 흔들린다.

엔진실이 같이 있어 차내에서 대화는 불가능하다.

차내는 50℃의 밀실

속도를 올려라!

깡! 깡!

크ㄹㄹㄹㄹ

① 스패너로 벽을 두드려서
② 조타수에게 속도를 지시한다.

온갖 틈에서 가스가 새는 엔진

연료통

③ 좌우 조타수가 타이밍을 맞춰서

④ 기어가 들어가면 조종사는 가속페달을 밟는다.

전진 4단 중 2단까지만 조종사 혼자 조절할 수 있다.

이름뿐인 실내등은 있었던 것 같다.

오른쪽으로 틀어라!!

깡!

조종사에게 신호를 보낸다.

하던 대로 스패너로 소리를 내고, 조타수가 알아차리면...

조종사가 탱크를 세우고 함장이 오른쪽 브레이크를 당긴다.

IN    OUT

오른쪽 조타수가 변속기를 중립으로 맞춘다.

엄지손가락을 세워 신호를 보낸다.

이후 오른쪽 조타수는 왼쪽의 속도에 맞춰야 한다.

두두두두

다시 엔진 소리가 나면, 왼쪽 궤도만 회전하여 오른쪽으로 방향을 돌린다.

후-

클러치는 조종사가 담당한다.

이 밖에도 조타수는 30분에 한 번씩 윤활유를 주입하고, 엔진 상태를 살펴야 하므로 바쁘다.

윤활유 주입용 깔때기

돌출 측면 포탑 위를 궤도가 미끄러져 간다. 시끄러울 것 같다.

포수들은 의자가 없어 계속 반쯤 일어선 자세로 서 있어야 했다. 주행 중 사격은 불가능하다.

끼리리릭

크르르르

ENGINE

포탄을 전달하는 조타수

보빙턴에서 마크 IV(?)에 탑승해보니, 역시나 '배 같은' 공간이었다.

마크 I 이야기는 계속 이어진다.

## 보충 칼럼 13 　중장갑으로는 움직일 수 없다!

Flying Elephant

플라잉 엘리펀트 호(종이 모형)

마크 I과
크기가
비슷하다.

초거대 전차로 보인다.

↖ 차체 하부가 잠기지 않도록
한 쌍을 더 장착할
계획이었다.

마크 I을 준비하면서, 독일군
화포를 막으려면 두께 5cm
정도인 장갑판이 필요하다고
생각했다. 하지만 그렇게
하면 무게가 100톤을 넘어
절대 움직일 수 없기 때문에
채택되지 못했다. 얇은
장갑은 현실과 타협한
결과라고 할 수 있지 않을까.

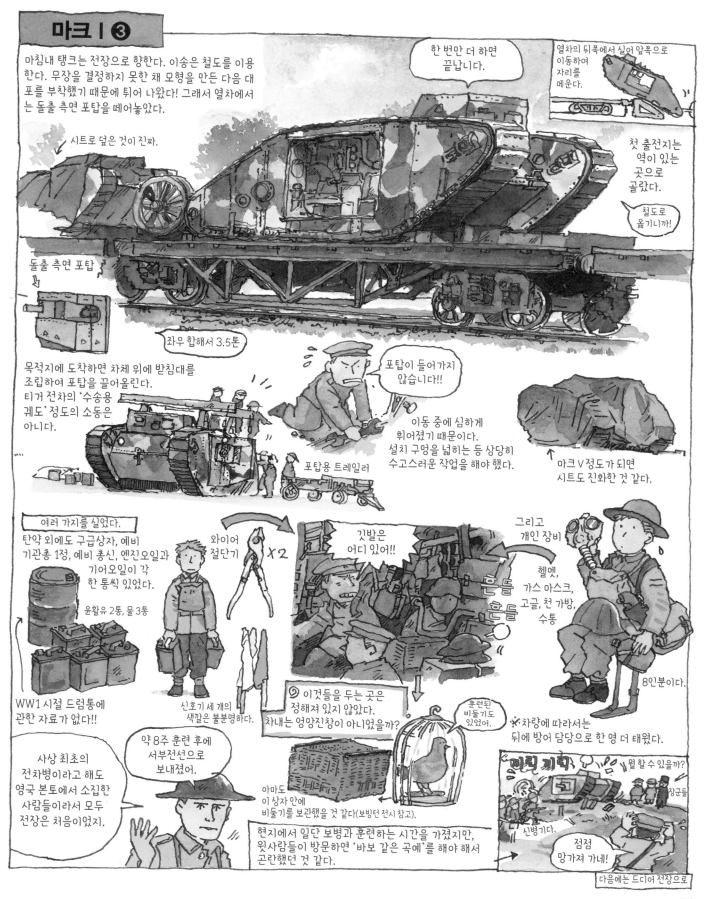

'여성형' 마크 II의 기관총입니다. 비커스 기관총의 수랭식(Water cooling type) 방열통과
총신을 장갑판으로 덮고 있습니다. 여기를 공격받으면 망가져 버리니까요. 총구멍이 아주 작아
보입니다. 7.7mm 구경이니까 실제 총구는 이런 모습이라고 합니다.

# 마크 I ④

1916년 9월 15일 마침내 탱크가 전장에 등장했다. 이때부터 모든 것이 시작되었다! 여기에 오기까지 너무 길었다!!

전투 계획은 잘 전달되지 않았다. 전차 세 대가 지도 한 장을 공유했고, 전차병의 전장 경험은 전무했다.

출발 지점까지 올 수 있었던 탱크는 49대 중 32대 정도였고, 길을 잃은 탱크도 있었다. 병사들은 벌써 지쳐 있었다.

탄막 포화를 이용해 만들어진 통로로 나아가는 전차도 점점 줄어들었다.

결국 독일군 진지까지 돌입한 탱트는 9대였다. 나름대로 전과를 올렸지만, 비밀병기의 데뷔치고는 너무 볼품없는 전과였다.

49

32

9

9

속도가 느려서 보병을 쫓아가지도 못함.

-9

-5

그래도 '탄환을 튕겨냈어!!'라며 승무원은 감동했지.

첫 출전지를 보니 마치 달 표면 같았다.

FLERS

그루터기에 걸리면 탱크가 휘어진다.

갑자기 9대 고장

뭐야?

구멍에 빠져서 움직일 수 없음

구멍에 빠지면 엄청난 연기가 났다.

차내는 소음이 너무 심해서 함장이 지시를 내릴 수 없었어.

전차 발주 시 내용에는 이런 진흙 수렁을 달리는 것이 없었다.

차내에 진흙이 들어와서 톱기어를 못 쓰게 됐어.

어떤 상황이지?

돌출 측면 포탑이 지나치게 커서 금방 걸려버렸다.

그렇지만 독일 병사들에게 엄청난 충격을 주었다.

비둘기도 지쳐 날지 않았다.

그 후

연말까지 모든 탱크가 진작부터 망가져 사라져 버렸다.

이 무렵 탱크는 총탄은 견뎠지만, 대포가 명중하면 아주 쉽게 망가졌다.

처음에는 패닉 상태에 빠졌던 독일군이지만,

대포에 맞으면 산산조각이 나니, 전차를 무시하기 시작했다.

이건 뭐야?

크르르

쾅

탱크가 활약하는 것은 그 수를 좀 더 갖춘 다음의 일이다. 《서부전선 이상없다》 끝부분에서는 이렇게 표현했다.

장갑 탱크는 처음에는 놀림 받았지만, 결국에는 중요한 무기가 되었다.

61

## 보충 칼럼 14  가자지구의 마크 I

가자지구의 마크 I  1917년 4월 이집트로 옮겨진 마크 I 부대는 전투에 참여했다.
5~6대였다고 하는데, 대부분 파괴되었다. 터키군은 탱크에 전혀 놀라지 않고 바로 포격을 가했다!

← 나중에는
야자나무와
예비 궤도로
방어했다.

어-!?

◎ 참고로 꼬리바퀴는 진작에 떼어냈고,
잭에는 덮개를 씌웠다.

# 마크 I~III

1916년 탱크가 첫 출전한
당시의 전투 모습

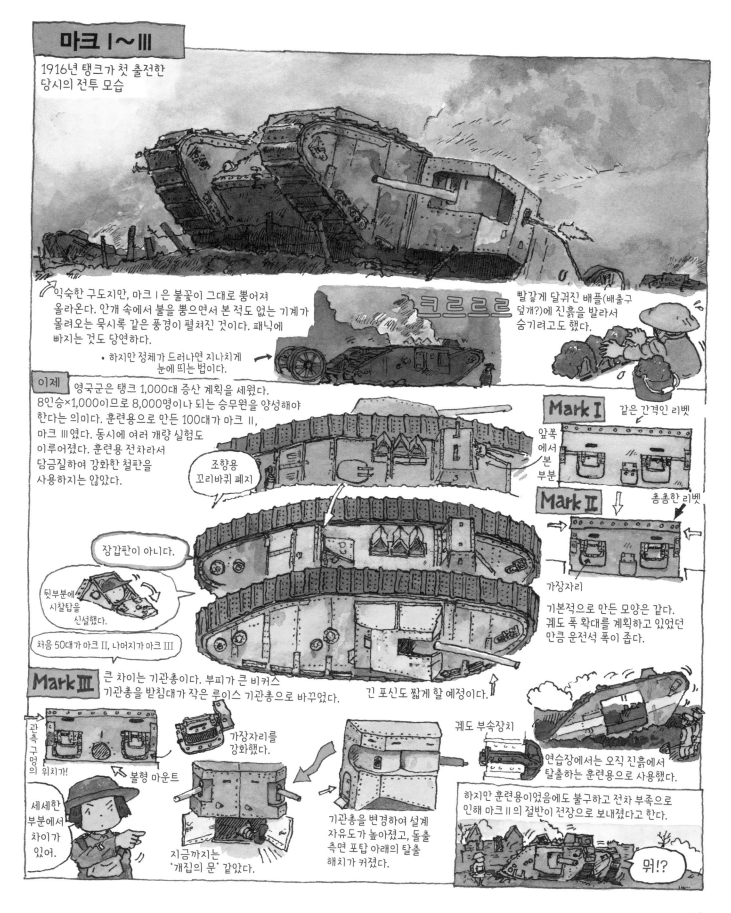

익숙한 구도지만, 마크 I은 불꽃이 그대로 뿜겨져
올라온다. 안개 속에서 불을 뿜으면서 본 적도 없는 기계가
몰려오는 묵시록 같은 풍경이 펼쳐진 것이다. 패닉에
빠지는 것도 당연하다.

• 하지만 정체가 드러나면 지나치게
눈에 띄는 법이다.

크르르르

빨갛게 달궈진 배플(배출구
덮개?)에 진흙을 발라서
숨기려고도 했다.

**이제** 영국군은 탱크 1,000대 증산 계획을 세웠다.
8인승×1,000이므로 8,000명이나 되는 승무원을 양성해야
한다는 의미다. 훈련용으로 만든 100대가 마크 II,
마크 III였다. 동시에 여러 개량 실험도
이루어졌다. 훈련용 전차라서
담금질하여 강화한 철판을
사용하지는 않았다.

조향용
꼬리바퀴 폐지

장갑판이 아니다.

뒷부분에
시찰탑을
신설했다.

처음 50대가 마크 II, 나머지가 마크 III

Mark I

같은 간격인 리벳

앞쪽
에서
본
부분

Mark II

촘촘한 리벳

가장자리

기본적으로 만든 모양은 같다.
궤도 폭 확대를 계획하고 있었던
만큼 운전석 폭이 좁다.

**Mark III** 큰 차이는 기관총이다. 부피가 큰 비커스
기관총을 받침대가 작은 루이스 기관총으로 바꾸었다.

긴 포신도 짧게 할 예정이다.

관측 구멍
의 위치가!

볼형 마운트

세세한
부분에서
차이가
있어.

가장자리를
강화했다.

지금까지는
'개집의 문' 같았다.

기관총을 변경하여 설계
자유도가 높아졌고, 돌출
측면 포탑 아래의 탈출
해치가 커졌다.

궤도 부속장치

연습장에서는 오직 진흙에서
탈출하는 훈련용으로 사용했다.

하지만 훈련용이었음에도 불구하고 전차 부족으로
인해 마크 II의 절반이 전장으로 보내졌다고 한다.

뭐!?

## 사진 칼럼 03  마크II의 관측창과 견인 고리

마크II의 사진입니다. 사진①은 철판을 자른 후 철심을 용접해 만든 견인 고리입니다. 수제 느낌이 가득하네요. 제1차 세계대전 때 사용된 전차는 구석구석 이런 모양새였습니다. 사진②에서는 윗변 리벳이 촘촘하다는 것을 주의해서 봐주세요. 이게 바로 마크II의 특징입니다. 그 아래에 있는 관측창 덮개는 이중입니다. 이 사진에서는 바깥 덮개가 수평으로 들린 상태라서 잘 보이지 않습니다. 두께가 1cm의 철판도 충분히 전차로서의 위용이 있었습니다.

# CHAPTER
## 05

# 실전에서 시련을 겪고,
# 네 번째 모델부터 본격적으로

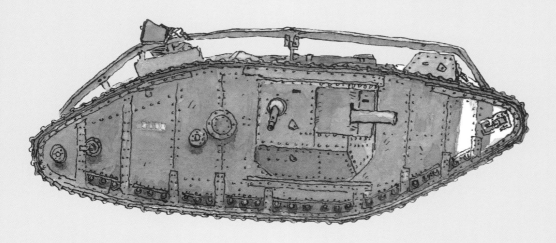

# 최초로 대량 투입된 전차

실전에서 얻은 교훈을 바탕으로 만들어진 최초의 전차가 마크 IV 입니다. 마름모꼴 전차도 마크 I부터 시작해서 마크 II, 마크 III 로 개량을 거듭하여 마크 IV 전차에 이르러 상당히 실용적인 전차가 되었습니다.

그러나 개량되었다고 해도 여전히 현재의 탈것과는 비교할 수 없을 정도로 사용하기 불편했고, 탑승해서 전투에 참여하는 병사들은 이루 말할 수 없을 정도의 고생을 겪어야 했습니다.

전차의 탄생과 함께 대전차 무기도 등장했습니다. 초기에는 야포로 공격했지만 전차의 개량에 맞춰 독일군의 대항 수단도 점점 좋아져 영국 전차병의 고난은 계속되었습니다.

이번 장에서는 마크 IV 전차가 개량된 부분과 여전히 계속되는 전장에서의 운영상 힘들었던 일을 자세하게 묘사해 보도록 하겠습니다.

● **마크 IV 전차**
중량 28t(남성형), 27t(여성형), 승무원 8명, 6파운더 포×2문 + 기관총 4정(남성형), 기관총 5정(여성형), 장갑 두께 6~12mm, 다임러 포스터의 가솔린 엔진 105마력, 속도 5.95km/h, 길이 8,047mm, 폭 3,200mm(남성형), 4,368mm(여성형), 높이 2,438mm

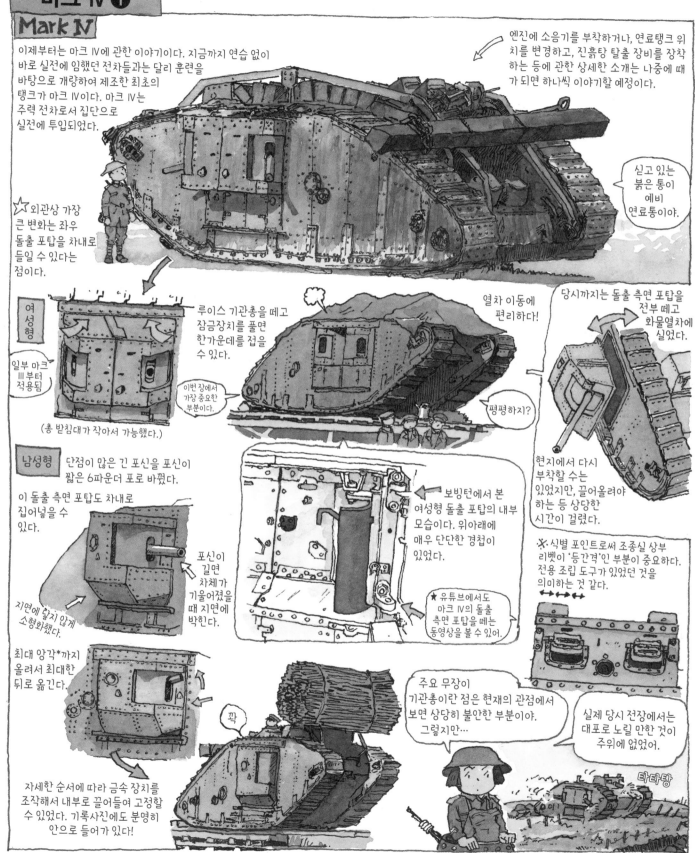

## 사진 칼럼 04  여신상과 탱크가 있는 정경

'참호 위를 덮치는 마름모꼴 전차'의 전형적인 이미지를 보여주는 오브제입니다.
뒤에 보이는 전차는 마크 IV의 후속인 마크 V입니다.

# 마크 Ⅳ ❷

영국군이 싸우는 지역은 벨기에의 이프르처럼 참호가 뒤얽혀 있을 뿐만 아니라, 진흙투성이인 곳이었다는 점을 잊어서는 안 된다.

**진흙에서 탈출한다**

전차병에게는 개인 장비로 권총이 지급되었다.

권총 조작법도 익혀야지.

비둘기 돌보는 지식도 필수였던 것 같다.

구구~

전차 장교에게는 지휘봉 외에 물푸레나무로 만든 긴 막대가 지급되었다. 이것은 전차가 달릴 수 있는 땅인지 압력을 견딜 수 있는지 조사하는 데 사용했다. 손잡이 근처까지 들어가면 0.7kg/제곱인치였다.

← 끊은 상상

THE ASH PLANT STICK

이전에는 이런 것도 있었다.

푸욱

쿵

궤도에 장착하는 '금속 줄사다리'

이 부분을 끼워 넣는다.

《티거 중전차 사진집》과 같은 원리다.

○ 진흙 탈출용 목재도 장착한다. 평소에는 레일 위에 싣고 있다가 궤도에 동여매서 탈출한다.

오크 목재 508kg

목재가 운전석 등에 부딪히지 않게 하기 위해 레일을 설치했다.

횡목 탈착은 승무원 두 명이 전차 밖에서 해야 했다.

탈출하고 나면 다시 레일 위에 올려둔다. 한 번만 쓰고 버린 것이 아니라 계속 사용했다.

영차

※ 프랑스 전차는 진흙 탈출용 장치에 관한 이야기가 없다. 지면이 단단해서일까?

**장갑에 관하여**

T-gewehr ant-tank rifle

엄청난 반동 때문에 부대에서는 사용하고 싶어하지 않았어.

유효사거리 90m였다. … 90m?

독일군은 K탄을 장착한 대전차총을 가지고 기다리고 있었어. 마크 Ⅰ~Ⅲ은 장갑판이 아니어서 충분히 대응할 수 있다고 생각했지.

깡

마크 Ⅳ는 장갑화가 되어서 어떻게든 견딘 것 같다.

마름모꼴 전차는 중동에도 파견되었다. 전혀 다른 전장이었을 것이다.

이건 또 다른 이야기야.

69

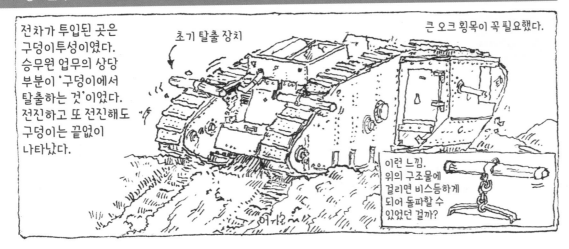

전차가 투입된 곳은 구덩이투성이였다. 승무원 업무의 상당 부분이 '구덩이에서 탈출하는 것'이었다. 전진하고 또 전진해도 구덩이는 끝없이 나타났다.

초기 탈출 장치

큰 오크 횡목이 꼭 필요했다.

이런 느낌. 위의 구조물에 걸리면 비스듬하게 되어 돌파할 수 있었던 걸까?

# 전차에 대한 독일의 대응

☆ '최초의 대전차총'인 탕크게베어(Tankgewehr)가 매우 길다는 것은 알고 있지만, 상상 이상으로 어처구니없이 길다!

길이 약 170cm이었고, 단발식이다.

T-GEW

← 역시 다리가 달려 있다.

← 손잡이

형태는 일반적인 라이플과 같아서 크기를 모르겠다.

탄환의 위력을 높이기 위해 구경을 크게 만들었다.

구경 13mm

ↄ 같은 디자인을 유지하며 크게 만든 독일인의 센스는 아찔하다.

'기록사진을 보면, … 뭐지 이 크기는!?'

1/48 피규어가 1/32 라이플을 들고 있는 것 같다.

모제르(마우저) 사에 발주해서 일반적인 라이플을 크게 만들었다!

노리쇠도 이렇다.

7.92mm

※ 그림 자료 - 깃쇼지 가이토 "Waffen-Revue 83"

WW2의 반궤도 차량이나 대전차포 등과 같은 분위기

이런 것을 쓰는 것도 별로 상상하고 싶지 않다.

두 명이 운용하는 것이 규칙이지.

반동이 크다.

오른쪽 어깨로 한 발, 왼쪽 어깨로 한 발, 이렇게 한 명이 두 발밖에 쏘지 못했다는 전설이 있다.

보통 총탄은 막을 수 있는 장갑판

뚫고 나간다.

승

우와, 이러면 전차병은 필사적으로 '가짜 구멍'을 그리겠네.

• 탄환이 폭발하지는 않아서 안쪽에 있는 사람을 겨냥했다. 대체로 관측 구멍 뒤에 있을 것 같다!

우와!

## 집속수류탄

준비할 시간이 부족하면

빈 자루에 수류탄을 담아서 집어 던졌어.

위력을 크게 하려고 묶음을 만든다. 즉석에서 제작된 대전차 병기이다.

← 손잡이는 하나만 남긴다.

이런 수류탄은 WW1부터 사용했다.

폭약을 나무 상자에 넣어 대전차 지뢰를 만든다.

← 가장 강했던 것은 야포다.

즉시 대응하는 소화반 같은 야포를 준비한다.

※ 포의 대수는 한정되어 있어서 계속 준비상태로 기다리는 것은 애우 곤란하다.

멸컹멸컹

박격포는 의외의 무기였다. 일반적인 참호용 박격포를 개조해 다리를 붙여 낮은 발사각으로 사용할 수 있게 만들었다. 유효 사거리가 500~800m인데, 마크 IV가 제대로 쏠 수 있는 거리가 300m 정도니까 '아웃레인지(outrange) 가능'한 것을 장점으로 내세운 것 같다.

문제는 밖으로 내가야 한다는 건데, 어떻게 해야 할지 궁리해보자.

대공포도 일찍부터 사용했다.

롬멜이 최초가 아니다.

무엇이든 1차대전에서 시작됐네.

ↄ 영국군도 기본은 야포였지만, 1918년 4월에 대전차용 탄을 개발했다. 소총으로 발사한다.

탕

330g

아래에 붙어있는 것은 경로를 안정화하기 위해 날개 역할을 하는 천이다. 그러나 화약이 적어서 효과가 없었다.

게다가 몰려오는 것은 영국제 노획 탱크

44호 척탄

참 《대전차전》 1980 (対戦車戦) : 글자로만 알고 있던 것을 인터넷이 발달하여 그림으로 볼 수 있어서 감개무량하다.

영국 보빙턴에 있는 탱크 박물관(The Tank Museum)의 정면 입구입니다. 입구를 들어서면
세로로 잘라서 내부가 잘 보이게 만든 마름모꼴 전차가 전시되어 있습니다. 세계에는 많은 전차
박물관이 있지만, '탱크 박물관'이라고 말할 수 있는 곳은 이곳뿐이라 생각될 정도로 유서 깊은
박물관입니다. 이 책에 실린 사진은 전부 2003년 여름에 필자가 촬영한 것입니다.

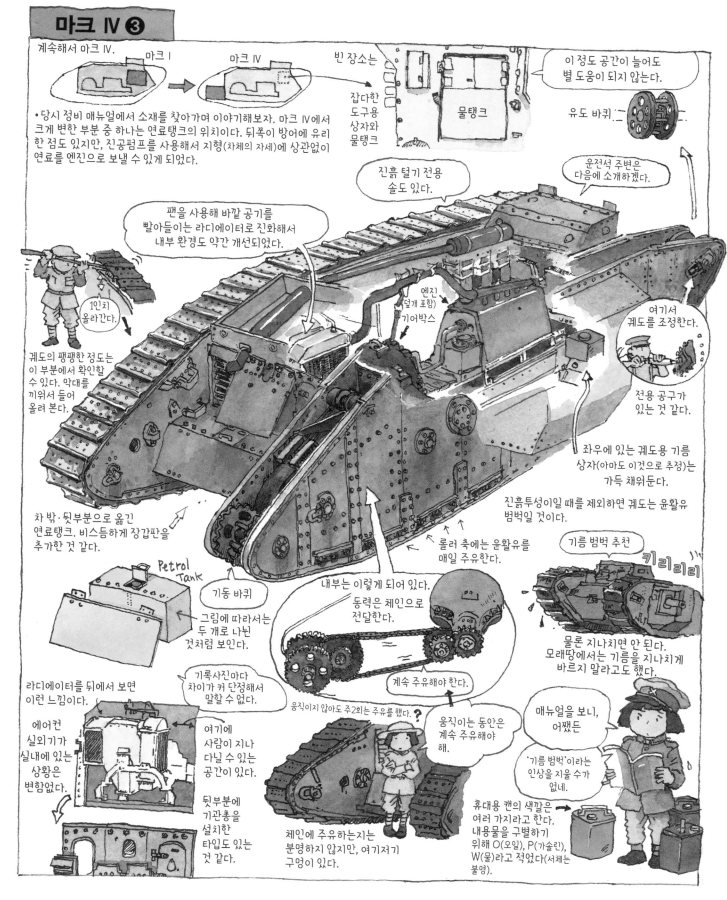

계속해서 마크 IV.

마크 I

마크 IV

빈 장소는

잡다한 도구용 상자와 물탱크

물탱크

이 정도 공간이 늘어도 별 도움이 되지 않는다.

유도 바퀴

• 당시 정비 매뉴얼에서 소재를 찾아가며 이야기해보자. 마크 IV에서 크게 변한 부분 중 하나는 연료탱크의 위치이다. 뒤쪽이 방어에 유리한 점도 있지만, 진공펌프를 사용해서 지형(차체의 자세)에 상관없이 연료를 엔진으로 보낼 수 있게 되었다.

진흙 털기 전용 솔도 있다.

운전석 주변은 다음에 소개하겠다.

팬을 사용해 바깥 공기를 빨아들이는 라디에이터로 진화해서 내부 환경도 약간 개선되었다.

엔진 (덮개 포함) 기어박스

1인치 올라간다.

여기서 궤도를 조정한다.

궤도의 팽팽한 정도는 이 부분에서 확인할 수 있다. 막대를 끼워서 들어 올려 본다.

전용 공구가 있는 것 같다.

좌우에 있는 궤도용 기름 상자(아마도 이것으로 추정)는 가득 채워둔다.

진흙투성이일 때를 제외하면 궤도는 윤활유 범벅일 것이다.

기름 범벅 추천

키리리리

차 밖·뒷부분으로 옮긴 연료탱크. 비스듬하게 장갑판을 추가한 것 같다.

Petrol Tank

기동 바퀴

그림에 따라서는 두 개로 나뉜 것처럼 보인다.

내부는 이렇게 되어 있다.

동력은 체인으로 전달한다.

롤러 축에는 윤활유를 매일 주유한다.

물론 지나치면 안 된다. 모래땅에서는 기름을 지나치게 바르지 말라고도 했다.

라디에이터를 뒤에서 보면 이런 느낌이다.

기록사진마다 차이가 커 단정해서 말할 수 없다.

계속 주유해야 한다.

움직이지 않아도 주2회는 주유를 했다. ?

움직이는 동안은 계속 주유해야 해.

매뉴얼을 보니, 어쨌든

에어컨 실외기가 실내에 있는 상황은 변함없다.

여기에 사람이 지나다닐 수 있는 공간이 있다.

뒷부분에 기관총을 설치한 타입도 있는 것 같다.

체인에 주유하는지는 분명하지 않지만, 여기저기 구멍이 있다.

'기름 범벅'이라는 인상을 지울 수가 없네.

휴대용 캔의 색깔은 여러 가지라고 한다. 내용물을 구별하기 위해 O(오일), P(가솔린), W(물)라고 적었다(서체는 불명).

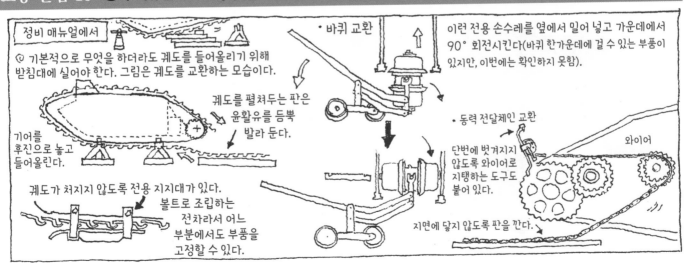

정비 매뉴얼에서

ⓛ 기본적으로 무엇을 하더라도 궤도를 들어올리기 위해 받침대에 실어야 한다. 그림은 궤도를 교환하는 모습이다.

기어를 후진으로 놓고 들어올린다.

궤도를 펼쳐두는 판은 윤활유를 듬뿍 발라 둔다.

궤도가 처지지 않도록 전용 지지대가 있다.

볼트로 조립하는 전차라서 어느 부분에서도 부품을 고정할 수 있다.

• 바퀴 교환

이런 전용 손수레를 옆에서 밀어 넣고 가운데에서 90° 회전시킨다(바퀴 한가운데에 걸 수 있는 부품이 있지만, 이번에는 확인하지 못함).

• 동력 전달체인 교환

단번에 벗겨지지 않도록 와이어로 지탱하는 도구도 붙어 있다.

와이어

지면에 닿지 않도록 판을 깐다.

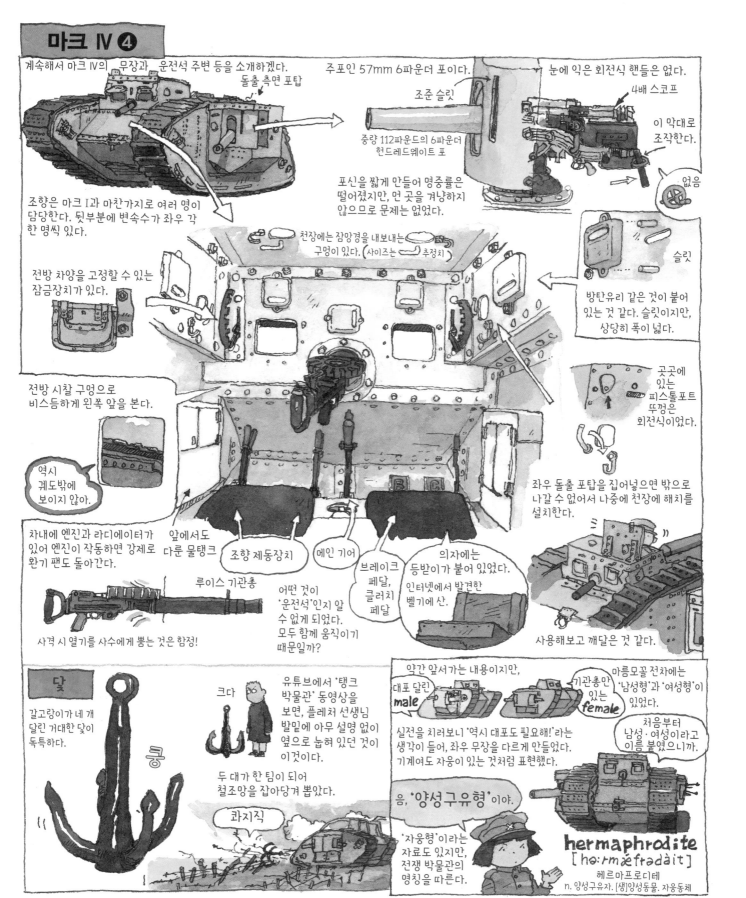

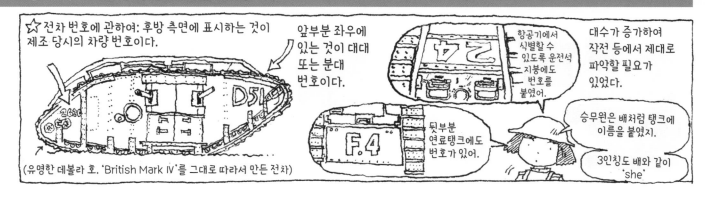

☆전차 번호에 관하여: 후방 측면에 표시하는 것이 제조 당시의 차량 번호이다.

앞부분 좌우에 있는 것이 대대 또는 분대 번호이다.

항공기에서 식별할 수 있도록 운전석 지붕에도 번호를 붙였어.

대수가 증가하여 작전 등에서 제대로 파악할 필요가 있었다.

뒷부분 연료탱크에도 번호가 있어.

승무원은 배처럼 탱크에 이름을 붙였지.

3인칭도 배와 같이 'she'

(유명한 데볼라 호. 'British Mark IV'를 그대로 따라서 만든 전차)

# 마크 Ⅳ ❺

- 마크 Ⅳ라고 하면, 참호를 건널 때 사용하는 섶나무를 위에 싣고 있는 사진이 유명하다. 세계 최초의 탱크 대량 투입 작전인 '캉브레 전투'에서 300대 사용했다.

무게가 약 1.5톤으로 숲에서 경량 목재를 400톤 정도 베어냈다.

옛날 그림을 보면 섶나무는 성을 공격할 때에도 사용했다.

누가 생각해낸 걸까?

영국인은 이렇게 역사가 깊은 아이템을 좋아해서, 제2차 세계대전에서도 처칠 전차에 실었다.

※ 오스프리의 《British Mark Ⅳ Tank》에서 이런 단면도를 볼 수 있다.

1990년대에 발굴된 데볼라 호에는 고리가 있다?

하지만 구체적인 고정 방법은 알 수 없다.

참호 앞에 도착하면 차체를 기울인 다음 잠금장치를 해제했다.

꽉

무심코 이해한 것 같은 기분이 드네~

한가운데서 잠근 걸까? 탐구해보고 싶은 과제다.

- 다만, 섶나무는 일회용이어서 나중에는 판을 조립한 '나무틀(crib)'이 등장했다.

참고용

간이 크레인은 세 개 중 가운데 피스톨 포트를 이용했다.

운전석 뒤

## Tadpole | 올챙이 탱크

참호를 넘고 싶으면 꼬리를 길게 만들면 되지 않을까 해서 포스터 사에서 꼬리를 2,743mm 더 길게 만들었다.

도감에서 볼 수 있는 이 각도는 알아보기 어렵다.

옆에서 보면 이런 느낌이다.

2.7m는 잘못된 수치가 아닐까?

8.047m인 차체를 10m 이상으로 만들었으니, 뭐든 덤비라는 느낌이었다.

- 뒷공간이 아까웠을까?

6인치 박격포를 싣고 실험하거나

측면 포탑에서 박격포를 발사하거나 하며

연장 부분은 연철이라 금방 휘어진다.

실전에서는 사용하지 않은 것 같다.

그러고 보니 근대 박격포도 제1차 세계대전의 신무기지.

'더블 신무기 합체'라고 할까.

보강법

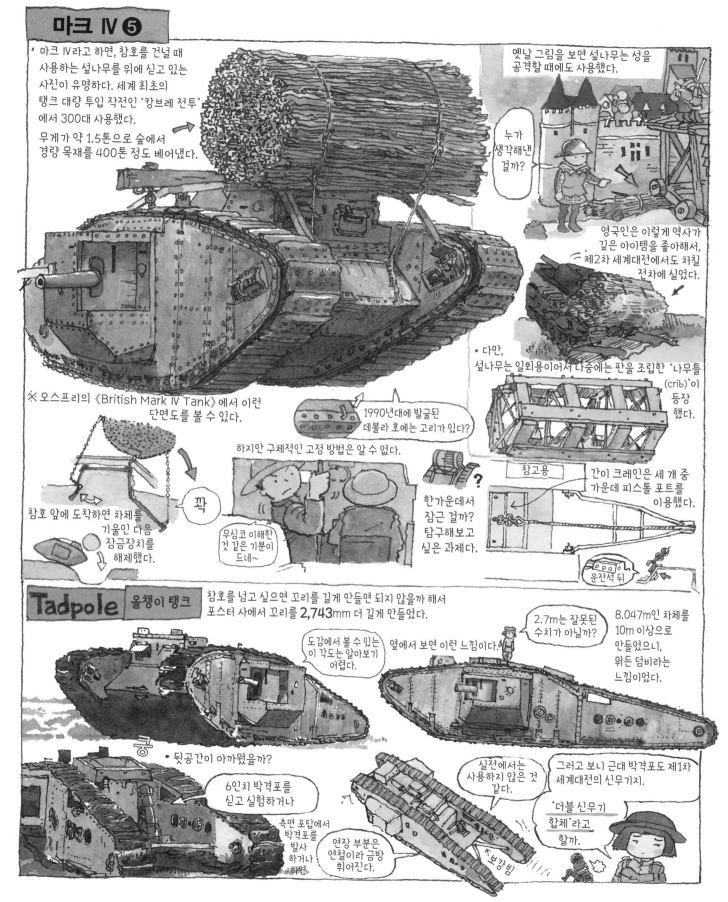

77

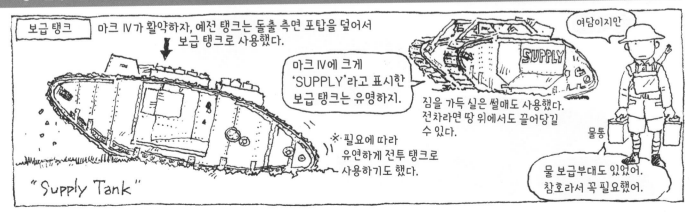

보급 탱크

마크 IV가 활약하자, 예전 탱크는 돌출 측면 포탑을 덮어서 보급 탱크로 사용했다.

마크 IV에 크게 'SUPPLY'라고 표시한 보급 탱크는 유명하지.

SUPPLY

여담이지만

짐을 가득 실은 썰매도 사용했다. 전차라면 땅 위에서도 끌어당길 수 있다.

물통

물 보급부대도 있었어. 참호라서 꼭 필요했어.

* 필요에 따라 유연하게 전투 탱크로 사용하기도 했다.

"Supply Tank"

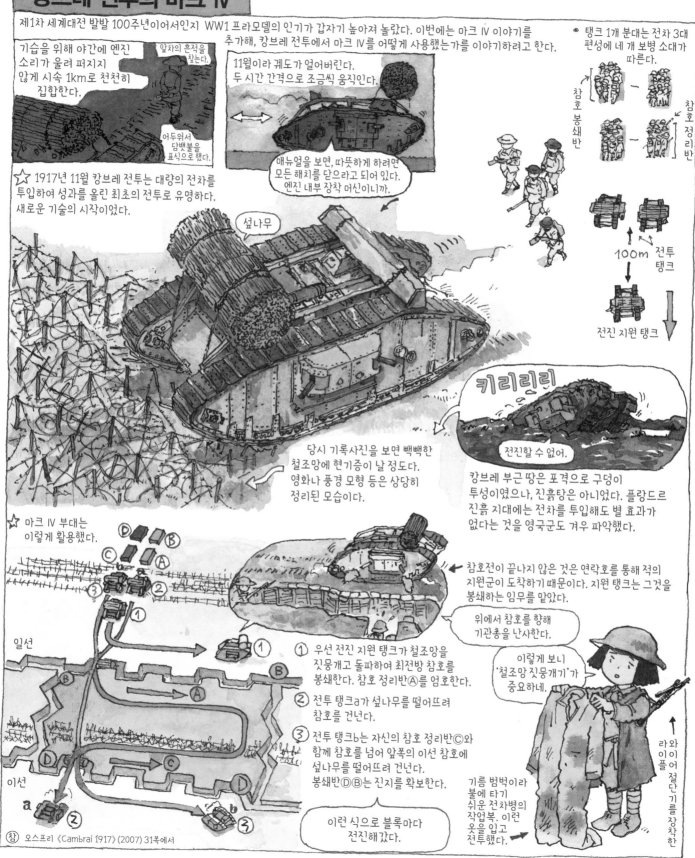

## 보충 칼럼 19  달빛 사막의 전차전

1917년 가을 가자지구 전투는 달빛 아래에서 치러졌다고 해. 아! 달빛 사막

이 무렵에 보병들은 전차 가까이에 있으면 포격에 휘말린다는 것을 깨달았다.

전투에 앞서 작전 회의를 하는 등 그럴듯해 보였지만, 실전에서 전차들은 고장 나거나 실어둔 짐이 불타거나 해서 전혀 도움이 되지 않았다. 오로지 화물 수송 장치로써 사용한 것 같다. 사막에서 거대한 무한궤도는 상당히 유용했다.

# 마크 Ⅳ - 기타

독일군은 포격으로 탱크 장갑판에 구멍을 뚫은 후 그 부분을 집중 공격했다고 한다.

악 —!

그 후의 전차 이미지와 왠지 다르다.

장갑판으로 감싸고는 있지만 여전히 약했다. 이 모습은 중동 전선의 마크 Ⅳ이다. 궤도로 인해 장갑이 증가하기 시작했다. 뭐든 '시작'한 것은 WW1 탱크다.

초반에는 금방 망가지기도 해서 한 번만 사용하고 버리는 하찮은 무기라고 인식했던 것 같다.

독가스 중화용 석회(여담)

마크 Ⅰ

(참) MARK Ⅳ vs A7V (OSPREY 2013)

숫자가 증가하자 수리와 회수를 담당하는 부대도 만들어졌다.

영국과 프랑스에서 자주 보는 도장으로 만든 '가짜 차양'이다.

회수 불가능으로 전선에서 해체해야 하는 위험한 작업은 '중국인 노동자 중대(Chinese Labour Company)'가 맡았다.

세계 대전이네.

중국인 부대는 또 다른 이야기이지만…, 제국 전쟁 박물관 사이트에서 여러 사진을 볼 수 있다.

전차를 세차하는 귀중한 사진이다.

무선통신용 탱크도 만들었다.

전차는 외부와 어떻게 소통했을까? 차내와 마찬가지로 두드려서 소리를 내는 방식으로 전차 외부와 소통했다.

물론 전령이나 주광 램프를 이용한 모스 부호도 사용했어.

구구

비둘기는 밤이 되면 둥지로 돌아오기 때문에 저녁 이후에는 사용할 수 없었다.

깡 깡

자세한 내용은 잘 몰라.

개체에 따라서 뒤에 꼬리 램프 같은 것도 보인다.

탱크끼리 연락할 때는 수기와 '삼색 플레이트를 막대 끝에 붙인 물체'를 사용했다. 조합하면 39종류의 의미를 전달할 수 있다.

플레이트 조합은 트럼프 카드용 종이에 인쇄해서 배포했어. 보병에게도 같은 것을 배포했대.

보병이 사용하는 연락 방법의 예

'여기 부상자가 있으니 뭉개지 말아 줘!' ← 절절하다.

## 보충 칼럼 20  특이한 모습의 탱크

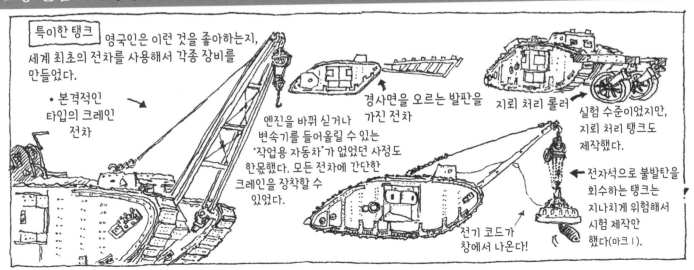

특이한 탱크  영국인은 이런 것을 좋아하는지,
세계 최초의 전차를 사용해서 각종 장비를
만들었다.

• 본격적인
타입의 크레인
전차

엔진을 바꿔 싣거나
변속기를 들어올릴 수 있는
'작업용 자동차'가 없었던 사정도
한몫했다. 모든 전차에 간단한
크레인을 장착할 수
있었다.

경사면을 오르는 발판을
가진 전차

지뢰 처리 롤러

실험 수준이었지만,
지뢰 처리 탱크도
제작했다.

전자석으로 불발탄을
회수하는 탱크는
지나치게 위험해서
시험 제작만
했다(마크 I).

전기 코드가
창에서 나온다!

# 혼자서 조종하는데
# 걷는 속도보다 두 배 빠르다

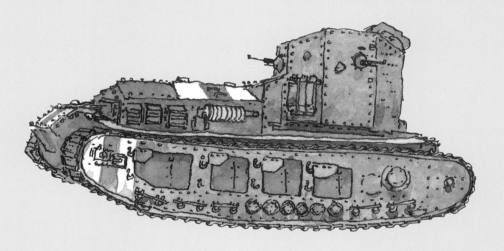

# 오늘날의 자동차와 비교할 수조차 없는 수준의 성가심

부피가 크고 무거운 마크 Ⅳ보다 더 경쾌하게 달릴 수 있는 전차를 만들고자 해서 나온 것이 휘핏입니다.

마크 Ⅳ는 네 명이 조종했지만, 휘핏은 한 명이 조종하는데도 시속이 두 배로 빨랐습니다. 엄청난 발전이죠. 차체 전체를 둘러싸는 '거대 바퀴' 같은 궤도를 반으로 줄여서 일반적인 트랙터와 비슷한 모습을 하고 있습니다.

휘핏의 전투실은 원래 운전석과 포탑이 나뉘어 세련된 형태였지만, 시험 제작을 해보니 승무원 사이에서 의사소통이 되지 않았습니다. 그리고 기관총을 여러 방향으로 발사하기 위해 옆으로 넓어졌습니다. 비록 서툰 모양새지만 황홀할 정도로 너무나도 영국적이라는 게 제 감상입니다. 이 전차는 공간 구분용 벽이 없는 한 방에서 사수와 조종사가 큰 소리로 소통해야 했습니다.

이런 배경을 알고 당시의 관점으로 본다면, 2인승 전차로 제2차 세계대전 초반에 활약한 독일 Ⅰ호 전차, Ⅱ호 전차 등이 얼마나 획기적인지 알 수 있습니다. 이 전차들 안에 있는 차내 통화장치가 없었다면, 휘핏의 초기 아이디어를 실현할 수 없었을 겁니다.

휘핏은 마크 Ⅳ보다 진보한 전차지만, 지금의 승용차처럼 다룰 수는 없는 정말 주행에 어려움이 많은 탈것이었습니다.

● **마크 A 중형 전차 휘핏**
중량 14t, 승무원 3명, 기관총 3정 또는 4정, 장갑 두께 5~14mm, 다임러 엔진 90마력 2기, 속도 13.3km/h, 길이 6,096mm, 폭 2,615mm, 높이 2,743mm

이번부터 당분간 중형 전차 휘핏에 관해 소개하려고 한다. 마름모꼴 전차보다 소형·경량이라 운동성능 상의 활약을 기대하고 개발하였다. 리틀 윌리의 직계 전차이다.

세계 최초의 전차 리틀 윌리

1915년

· 리틀 윌리를 제작한 트리튼의 아이디어이다.

혼자서 운전할 수 있어.

1916~ 차체 아래 절반만 궤도로 감싸서 경량화했다.

오른쪽에 운전석, 왼쪽에 원형 총탑이 있다.

처음에는 트리튼 '체이서(사냥꾼)'라 불렸다.

더 큰 마더 탱크(센터피드)를 많이 만들어 냈다.

회전 총탑에 기관총 1정

2인승 12톤 최고 속도 12km/h

여러 방향으로 사격할 수 있게 왼쪽이 넓어졌다.

차체 전체를 덮는 궤도로 참호를 건넌다.

8인승 28톤 최고 속도 5.95km/h

비대칭

금방 이해하기는 어려운 형태. 엔진이 앞에 있어서 승무원은 뒷부분에 자리한다.

그렇게 크지는 않네.

· 1917년부터 만들기 시작 했다.

14톤, 13.3km/h

여기 뿔 같은 것은 천으로 만든 진흙떨이의 기초부이다.

이쪽이 앞이다.

필자도 실물을 보았지만 위가 뭔지 이해할 수 없었다.

카이사르 2세 호 @보빙턴

연료탱크가 가장 앞에 있다.

이것도 유튜브에서 동영상으로 볼 수 있어.

느릿느릿 쿠구구궁

착실하게 전진해오는 모습이 정말 싫어.

시속 13km, 느긋하게 사이클링 하는 정도로 움직였다.

측면에는 진흙을 털어내기 위한 구멍이 있다. 주행 장치 내부는 비어 있다.

이 형태는 마틸다 전차로 이어진다.

리틀 윌리의 직계

휘핏 기관실 내부 사진입니다. 친구에게 영국 보빙턴으로 전차를 보러 간다고 했더니 꼭 기관실 안쪽의
사진을 찍어오라고 해서 찍었습니다. 하지만 안을 들여다보니 부품이 빠져 있었습니다. 전차 내부 구조를
잘 보이게 하려고 일부러 두 엔진 중 바로 앞의 한 개를 떼어낸 것 같습니다. 이것저것 공부하다 보니
엔진과 연결되어 빙글빙글 회전하는 부분이 보인다는 것을 알게 되었습니다. 취재하러 갔을 때는 이유도
모르고 사진을 찍었지만, 지금 보니 흥미로운 점이 많이 담긴 사진입니다.

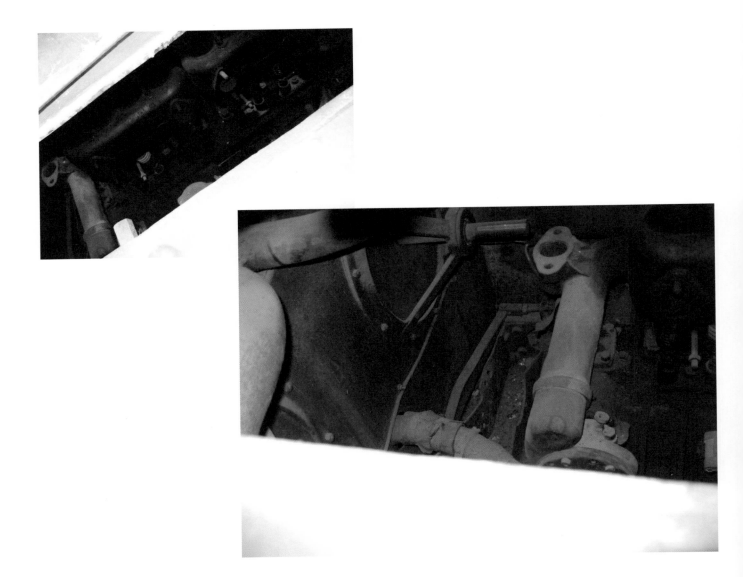

## 보충 칼럼 21  휘핏의 미세한 변화

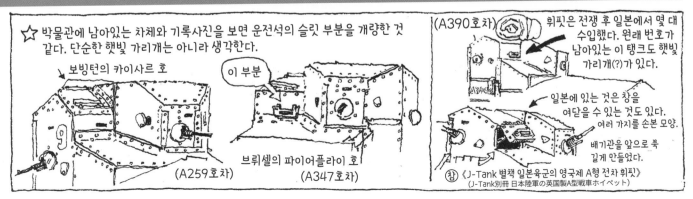

☆ 박물관에 남아있는 차체와 기록사진을 보면 운전석의 슬릿 부분을 개량한 것 같다. 단순한 햇빛 가리개는 아니라 생각한다.

보빙턴의 카이사르 호

이 부분

브뤼셀의 파이어플라이 호
(A259호차)        (A347호차)

(A390호차)

휘핏은 전쟁 후 일본에서 몇 대 수입했다. 원래 번호가 남아있는 이 탱크도 햇빛 가리개(?)가 있다.

일본에 있는 것은 창을 여닫을 수 있는 것도 있다. 여러 가지를 손본 모양.

배기관을 앞으로 쭉 길게 만들었다.

(참) 《J-Tank 별책 일본육군의 영국제 A형 전차 휘핏》
(J-Tank別冊 日本陸軍の英国製A型戦車ホイペット)

# 마크 A 휘핏 ❸

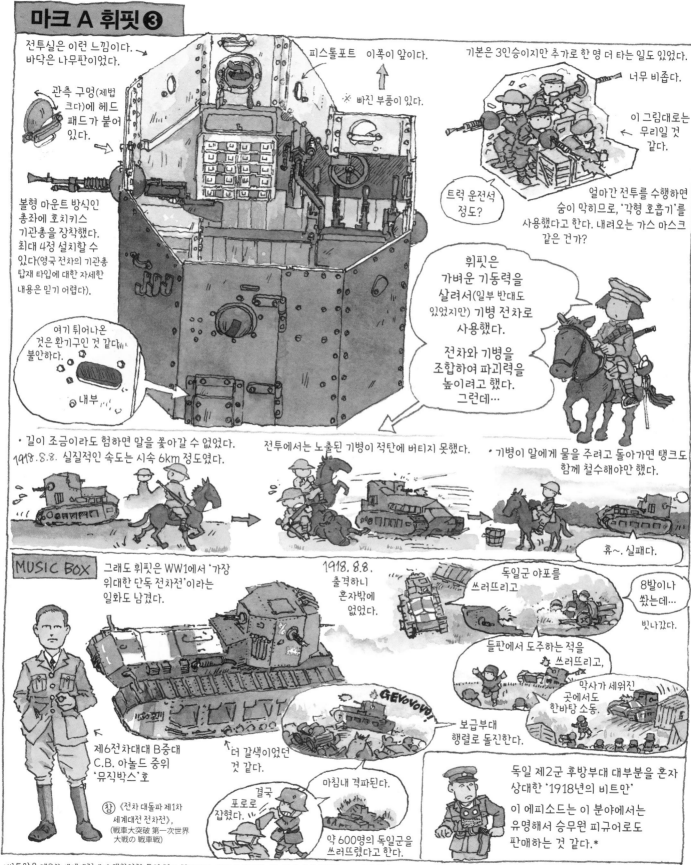

전투실은 이런 느낌이다. 바닥은 나무판이었다.

피스톨포트 이쪽이 앞이다.

※ 빠진 부품이 있다.

관측 구멍(제법 크다)에 헤드 패드가 붙어 있다.

기본은 3인승이지만 추가로 한 명 더 타는 일도 있었다.

너무 비좁다.

이 그림대로는 ← 무리일 것 같다.

트럭 운전석 정도?

볼형 마운트 방식인 총좌에 호치키스 기관총을 장착했다. 최대 4정 설치할 수 있다(영국 전차의 기관총 탑재 타입에 대한 자세한 내용은 믿기 어렵다).

얼마간 전투를 수행하면 숨이 막히므로, '각형 호흡기'를 사용했다고 한다. 내려오는 가스 마스크 같은 건가?

여기 튀어나온 것은 환기구인 것 같다. 불안하다.

내부

휘핏은 가벼운 기동력을 살려서(일부 반대도 있었지만) 기병 전차로 사용했다.

전차와 기병을 조합하여 파괴력을 높이려고 했다. 그런데…

• 길이 조금이라도 험하면 말을 쫓아갈 수 없었다.
1918.8.8. 실질적인 속도는 시속 6km 정도였다.

전투에서는 노출된 기병이 적탄에 버티지 못했다.

• 기병이 말에게 물을 주려고 돌아가면 탱크도 함께 철수해야만 했다.

휴~. 실패다.

`MUSIC BOX`

그래도 휘핏은 WW1에서 '가장 위대한 단독 전차전'이라는 일화도 남겼다.

1918. 8.8. 출격하니 혼자밖에 없었다.

독일군 야포를 쓰러뜨리고

8발이나 쐈는데…

빗나갔다.

들판에서 도주하는 적을 쓰러뜨리고,

악사가 세워진 곳에서도 한바탕 소동.

보급부대 행렬로 돌진한다.

GEVOVOVO!

더 갈색이었던 것 같다.

제6전차대대 B중대 C.B. 아놀드 중위 '뮤직박스'호

㉔ 《전차 대돌파 제1차 세계대전 전차전》, (戰車大突破 第一次世界 大戰の 戰車戰)

마침내 격파된다.

결국 포로로 잡혔다.

약 600명의 독일군을 쓰러뜨렸다고 한다.

독일 제2군 후방부대 대부분을 혼자 상대한 '1918년의 비트만'

이 에피소드는 이 분야에서는 유명해서 승무원 피규어로도 판매하는 것 같다.*

*비트만은 제2차 세계대전에서 맹활약한 독일 전차 장교이며, 여기서 언급한 아놀드 중위의 활약을 비트만의 활약에 비유한 내용이다. - 옮긴이

## 보충 칼럼 22 트리튼 체이서 정면도

⭐ 2014년에 데이비드 플레처의 새 책이 나왔는데, 무려 휘핏 시험 제작기(트리튼 체이서) 정면 사진을 볼 수 있었다.

멋지다!

그래도 전투실이 약간 튀어나와 있다.

앞부분에 휘핏이라고 적혀있다.

THE WHIPPET

앞에서 보면 상상 이상으로 멋진 스타일이다.
왜 휘핏은 이런 아이큐 검사 문제같이 일그러진 형태를 하고 있는지 알 것 같다.
정말로 오른쪽을 그대로 두고 전투실만 확대했다.

높이를 얼마나 변경했는지는 불분명하다.

2인승을 3인승으로 바꿨다.

# 휘핏 잡학 상식

휘핏의 전신인 트리튼 체이서에 관한 이야기다.

❗️계속 궁금했던 '휘핏의 뿔'은 천으로 된 펜더를 설치하기 위한 작은 고리가 달려있다. 이 고리에 걸어두는 것이라고 한다(벨기에 박물관에 있는 실물 사진에서 발견. 파이어플라이 호).

뒤쪽 펜더 부분에 고리가 하나 더 있었을 거라고 추측해본다.

소형 2인승이었지만,

차내에서 의사소통은 불가능했던 것 같다.

운전수 시야가 지나치게 좁아서 연료 탱크를 앞으로 옮겨 공간을 만들어 전투실을 확대했다.

일단 무조건 옆으로 넓히다 보니 밸런스가 상당히 나빴다. 운전수로부터 멀리 왼쪽에 전투실이 튀어나와 있다.

☆소형화로 인해 엔진 정비도 차내에서는 불가능해졌다. 평상시라면 몰라도 전장에서는 상당히 큰일이었을 것이다.

크윽

파고들거나 떨어지거나 한다.

초기 내연기관이라서 지금의 자동차 이미지와는 상당히 달랐다.

A7V

마크 IV

다른 대형 전차는 차내에서 수리할 수 있었어.

전임 정비사가 있던 시절이었어.

☆시동을 걸려면 크랭크를 돌림과 동시에 복잡한 조작이 필요했다. 엔진이 두 개 있어서 같은 작업을 두 번 해야 했다.

어, 이건 문 스토퍼 아냐?

한쪽 엔진이 작동하면 백기어로 연결해서 '돌격'도 가능했던 것 같다.

거친 평지에서만 가능했다.

☆종종거리며 직진하는 동안에도 끊임없이 기어를 바꿔 넣어야 하는 등 바쁜 작업이 필요했다.

밖에서는 알 수 없다.

익숙한 사람은 막힘없이 나아갈 수 있었다.

필사적으로 기능을 익혔다. 운전이 서툴면 적의 표적이 된다.

차내의 크랭크로 시동을 걸 수 있지만, 두 명이 돌려야 하기 때문에 너무 비좁았다. 아무리 봐도 운전수와 부딪혔을 것 같다!?

두두두

'혼자서 운전할 수 있는' 휘핏이었지만, 운전수에게 엔진의 열기가 밀려와 교대가 필요했다. 다른 승무원이 운전수의 교체 요원이기도 했다.

결국 혼자서 운전하지 못하는 것 아닌가?

## 보충 칼럼 23  전차에 달린 화물용 고리

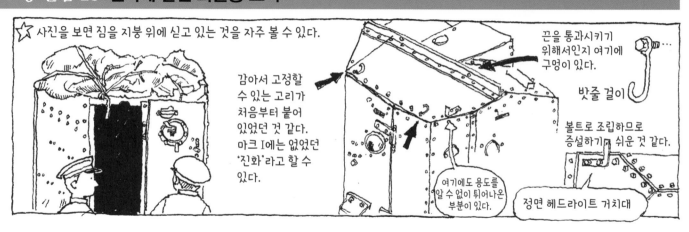

☆ 사진을 보면 짐을 지붕 위에 싣고 있는 것을 자주 볼 수 있다.

감아서 고정할 수 있는 고리가 처음부터 붙어 있었던 것 같다. 마크 I에는 없었던 '진화'라고 할 수 있다.

끈을 통과시키기 위해서인지 여기에 구멍이 있다.

밧줄 걸이

볼트로 조립하므로 증설하기 쉬운 것 같다.

여기에도 용도를 알 수 없이 튀어나온 부분이 있다.

정면 헤드라이트 거치대

# 휘핏 이후

☆ 이번에는 마크 A 중형전차 휘핏의 후속 전차에 관해 이야기하려고 한다.
• 뒤에 있던 전투실이 앞으로 이동해서 전혀 다르게 보이는 전차가 되었다.

앞쪽이다.

무엇보다 엔진실에 격벽이 생겼다!

앞쪽이다.

운전수 석이 돌출되었다.

마크 A
무게는 14톤이고, 최고 속도는 13km/h였다.

## 마크 B 중형전차

1917년 6월 설계했고, Coventry Ordnance Works에서 제작했다.

엔진은 한 개이다.

거주성을 향상시켰다.

전투실이 앞에 있다.

가솔린 탱크가 뒤에 있다.

'중형전차'라고는 해도 약간 커졌다.

속도가 느려졌다.

잘록한 부분 →

중량이 18톤이고, 최고속도 9.8km/h였다.

여기에 보호대가 있는 것도 있고, 없는 것도 있다.

여러 가지로 좋지 않았다.

엔진실을 분리한 것은 좋지만, 기관실 안은 손도 대지 못할 정도로 뜨거웠어.

전투 따위 할 수 없어. 사용할 수 없어.

열을 식히는 초기에는 괜찮지만, 장갑으로 밀폐된 공간이라서 결국에는 소용없었다.

## 마크 C 중형전차 '호넷'

휘핏의 후속 전차는 윌슨에서 만든 이 전차로 정해진다. 1918년 3월 설계해서 8월 완성했다.

엔진은 한 개, 파워를 높였다고 한다. 무게는 19.5톤이고, 최고속도는 12.6km/h였다.

그 후 러시아 혁명군의 사진이 있다. 쓸만 했을까?

눈알처럼 보이는 볼형 마운트가 좌우로 어긋나 있다. 원래부터 이런 디자인이었다.

돌출 측면 포탑은 여닫이 방식이다.

차장용 큐폴라가 있다.

자세한 설명은 할 수 없지만, 회전하는 것 같다.

자세히는 모르겠지만 앞쪽이다.

※ 주요 무장은 기관총이었다.

냉각팬이 두 개 있다!

상당히 커져 버렸다.

마크 I의 6파운더 포

강한 것 같아!

앗 뜨거!

← 도면상으로는 '남성형'도 만들 예정이었지만, 실현되지 못했다.

백파이어가 운전사를 덮친다?

1918년에 윌슨의 조향기(변속기)를 사용해서 혼자 조종할 수 있는 마크 V를 실전에 투입했다.

'호넷'도 그 구조를 사용해서 혼자 조종할 수 있게 되었다.

마크 V

마크 V의 스펙은 마크 IV와 거의 비슷해.

★실전에는 투입되지 못했지만, 영국 본토에 있던 덕분에 1919년 런던 전승 행진에 참여한 전차다.

헤헷

# 1부 마치며

||||||||||||||||||||||||||||||||||||||||||||||||||||||||||||||||||||||||||||||||||||||||||||||||||||||||||||

2000년대 초반 가이요도에서 발매한 장난감 월드 탱크 뮤지엄이 크게 히트하던 무렵, 저는 그 제품을 해설하는 일러스트를 담당했습니다. 전차에 파묻혀 지내던 중 문득 '애초에 전차란 뭐지?'라고 생각한 것이 이 책을 출판하게 된 계기입니다. 어린 시절 읽었던 여러 가지 전차도감을 보면, 여명기의 전차와 '전차 이전'의 전투 차량을 소개하는 페이지는 금방 끝나버립니다. 나는 바로 그 시기의 전차에 관한 내용을 책으로 만들고 싶었습니다. 탱크에 대한 인식이 높아진 지금이라면 그런 내용만으로도 책 내용을 채울 수 있을 것이라고 생각했습니다.

월드 탱크 해설 만화는 한 장에 내용을 압축해서 그렸습니다. 물리적으로 적을 수 없는 부분과 왠지 그럴 것 같은 이유가 아닐까 하는 잠꼬대 같은 내용은 다 들어가지 않았습니다. 조금씩 조사하고 생각하면서, 언제 끝날지 모르는 만담 같은 옛날 전차 이야기를 하고 싶었습니다. 대강의 가설과 흐름을 정하고 책 내용을 진행했습니다. 점점 거슬러 올라가다 보니 완전히 수수께끼 같은 내용도 있었지만, 그래도 제 나름으로는 뭔가를 향하고 있었습니다.

이번에는 전차 탄생 100주년에 맞춰서 마름모꼴 전차 등 영국 전차를 중심으로 정리했습니다. 책 앞부분부터 '마침내'라거나 '드디어'라는 표현을 사용한 것은 오랫동안 '탱크 이전'의 내용을 축적했기 때문입니다. 마름모꼴 전차의 내용을 쓰는 동안은 충분히 근대적인 기계로 보였습니다.

오랫동안 계속 공부하면서 작업하다 보면 새로운 자료와 시점이 등장합니다. 아침 안개 속에서 탱크가 밀려오는 전형적인 첫 출전 이미지가 바뀐 것은 충격적이었습니다. 천장 배기관에서 불을 뿜고 있었던 것도 놀라웠습니다. 이야기를 계속 추가하면 언제까지라도 끝나지 않을 것이므로 일단 여기서 끊기로 했습니다.

저는 원래부터 제1차 세계대전 당시의 전차에 관심이 컸습니다. 옛날 도구를 좋아한다고 할까, 리벳으로 뒤덮인 고전적인 탈것에 매력을 느꼈습니다. 2003년 영국 보빙턴 박물관에 갔을 때는 거의 제1차 세계대전 코너에 있었습니다. 실제 마름모꼴 전차와 르노 FT를 피부로 느낄 수 있었습니다. 상상보다 두 배 이상 컸고 상당히 무거워 보였습니다. 아주 가까이 갈 수 있었고, 책에서는 볼 수 없었던 천장 부분을 촬영하는 등 많은 수확이 있었습니다. 있는 그대로 철판을 절단하고 볼트와 리벳으로 조립한 형태는 세련과는 거리가 한참 먼 '무뚝뚝'한 모습이었지만 가장 인상적이었습니다. 좀처럼 다른 것에 비유할 수 없는 모습이었습니다.

글을 쓰는 기간이 길어지면서 환경도 상당히 변했습니다. 책을 쓰는 초기에는 생각할 수 없었던 인터넷의 도움도 많이 받았습니다. 본문

\*고지엔은 일본을 대표하는 일본어 사전이다. - 옮긴이

에서도 언급했지만, 먼 박물관의 소장품과 본 적이 없는 당시의 기록사진 등이 올라와 있어서 이 또한 큰 도움이 되었습니다. 글로만 알았던 물체의 실제 모습을 사진으로 보는 것은 감동적이었습니다. 그림을 그리는 측면에서도 변화가 있었습니다. 도중에 종이가 바뀌고, 글씨를 쓸 때 사용하던 가느다란 유리 펜이 부러졌습니다. 오랜만에 10년 전 원고와 마주하는 기분은 묘했습니다.

영국 전차에 관한 많은 잡학은 전차 연구의 권위자인 데이비드 플레처의 저서에서 빌려 왔습니다. 19세기의 증기 전차에 관해 질문했더니 친절하게도 사진을 보내주었습니다. 데이비드에게 감사드립니다. 마찬가지로 이 분야에서 유명한 스티븐 잴로거가 '데이비드와 이야기를 나눴지만, 당시 전차의 색은 잘 모르겠다'라고 말했다고 합니다. 이 분야의 전문가인 두 분이 모른다면 나로서도 어쩔 수 없다는 것은 당연한 사실이었습니다. 그러니 대부분 상상으로 채색한 이 책의 컬러 일러스트를 너그러운 마음으로 봐 주시길 부탁드립니다.

단행본으로 제작하면서 애초 연재하던 대로 빼곡하게 채웠더니 그림을 그린 저 자신도 답답할 정도였습니다. 특히 후반부에 비슷한 페이지가 진흙탕처럼 길게 이어지는 것은 너무나도 제1차 세계대전다웠지만, 지나치게 답답해서 한쪽 면은 리듬을 약간 바꿔서 지금처럼 구성하였습니다.

이런 긴 연재를 계속하게 해준 《월간 아머 모델링》 매체에 감사드립니다. 역대 편집장·담당 편집자이신 깃쇼지 님, 우미타니 님, 신도 님, 사이토 님, 오자키 님, 사토 님, 마사키 님, 카시와기 님와 단행본 작업을 해주신 요시노 님, 이치무라 님을 비롯한 많은 분들의 힘으로 책을 만들 수 있었습니다. 감사드립니다.

또한 마름모꼴 전차 매뉴얼을 구해주신 이타로 님, 역사 자료를 팩스로 보내주신 우에다 신 선생님, 그리고 서양 서적 번역 작업을 해주신 늙으신 아버님께도 감사드립니다.

여담이지만, 중학생 시절 이노우에 히사시의 《개인적인 일본어 문법》(私家版日本語文法)이라는 책을 읽을 때, '개인적'이라는 단어를 동경했습니다. 저도 언젠가 이런 스타일로 책을 내고 싶다고 생각했습니다. 작은 꿈이 이루어져서 너무 기쁩니다.

● 왼쪽 그림은 '탱크의 탄생' 연재 0회에 시험적으로 사용한 그림입니다.

# 전차의 시작 :
# 독일, 프랑스 편

TANKS

# 전차는 어디에서 왔는가

프랑스는 세계에서 처음으로 전차를 만든 나라라는 영광을 아주 근소한 차이로 영국에 빼앗겼습니다. 전차를 영국식인 '탱크'가 아니라 프랑스식인 '샤르(char. 전차를 의미하는 프랑스어)'라고 부를 수도 있었습니다. 독일은 제2차 세계대전에서는 전차 왕국이라 불릴 정도로 위용을 갖췄던 것과는 달리, 제1차 세계대전 당시에는 장갑 전투차량에 관심이 없었습니다.

리델 하트는 저서인 《제1차 세계대전》에서 전쟁의 양상을 바꾼 전차에 관해 다음과 같이 정리했습니다. '전장에서 이동하는 방법으로 인간의 다리를 대신해 내연기관을 이용하고, 방어 방법으로는 참호를 파는 것 대신에 장갑을 부활시켰다. 원래 인간은 이동할 때 발포할 수 없었고, 적으로부터의 공격을 막아주는 장애물이 필요할 때는 이동할 수

없었다. 그러나 전차가 등장하면서 한 물체 안에 화력과 이동과 차폐(적으로부터 보호해주는 장갑)라는 세 가지 요소를 결합하게 되었다.'

화력을 갖추고 장갑으로 둘러싸인 채 땅 위에서 자유롭게 움직이는 이 물체를 본 책에서는 넓은 의미에서 '전차'로 다루었습니다. 전차는 과연 어떻게 등장했는지 제 나름대로 생각하고 조사한 것을 정리해보았습니다. 2부에서는 프랑스와 독일이 장갑 전투차량을 만들기까지 겪은 시행착오와 여명기 전차부대의 악전고투에 관해 살펴보려 합니다.

● 1부 《무한궤도의 발명과 영국 탱크》에서는 철조망과 무한궤도의 탄생, 제1차 세계대전 당시의 영국 전차에 관해 이야기했습니다.

● 엄밀히 말하면 전차라는 단어가 없던 시대이므로 '전차부대'라는 표현은 정확하지 않습니다만, 독자의 이해를 돕기 위해 그대로 사용했습니다. 전체적으로 쉬운 표현을 사용하려 신경썼습니다.

● 특별히 정해져 있지 않은 번역어는 저자가 임의로 정해서 사용했습니다.

● 색상이 분명하지 않은 것은 상상해서 칠했습니다.

● 각 제목과 덧붙이는 글은 가능한 한 원래대로 유지했습니다.

● 원서 끝부분에는 '전차 이전'의 내용으로 장갑과 동력, 기관총의 역사 등에 관해서도 정리했습니다. 그리고 도감에서 불과 몇 줄로 언급한 옛날의 전투차량에 관한 내용도 실었습니다. 한국어판에서는 이 '전차 이전'의 내용을 1부 맨 앞부분으로 이동시켜 시간순으로 배치했습니다.

# CHAPTER 07

## 프랑스의 참호 돌파 병기들
### 가시철조망을 돌파하라!

# 철조망 돌파 병기 모색

흔히 말하는 '전차'의 디자인을 만든 나라는 프랑스입니다. 대포를 장착한 회전 포탑을 가지고 무한궤도로 달리는 장갑 전투차량은 프랑스가 처음으로 실용화했습니다.

1914년 여름에 시작된 제1차 세계대전은 혹독한 참호전으로 유명합니다. 적도 아군도 참호를 팠고, 겨울에는 그 참호가 바다에 이르렀습니다. 철조망과 기관총으로 지키는 참호를 돌파하기란 매우 어려웠기 때문에 전쟁은 말 그대로 교착 상태에 빠져 있었습니다.

최근 연구에서 사상자의 대부분이 대포로 인해 발생했다는 것을 알게 되었지만, 그렇다고 해도 기관총과 철조망이 큰 문제였다는 사실은 변함이 없습니다. 어떻게든 전선을 돌파하기 위해 기술자들은 힘든 싸움을 계속해야 했습니다.

앞을 가로막는 독일군의 참호를 함께 상대해야 했던 영국과 프랑스지만, 두 나라는 거의 교류하지 않고 독자적으로 돌파 무기를 연구했습니다. 이번 장에서는 프랑스에서 전차가 탄생하기 전까지의 역사라고 할 수 있는 철조망 돌파 기계에 관해 알아보겠습니다. 내연기관도 상당히 불안정하던 시절의 이야기입니다. 따라서 '전차'의 모습을 갖추려면 아직 한참 멀었습니다.

앞 페이지의 그림은 '브르통 · 프레토의 톱'입니다. 철조망 절단기에 관한 아이디어 중 하나입니다.

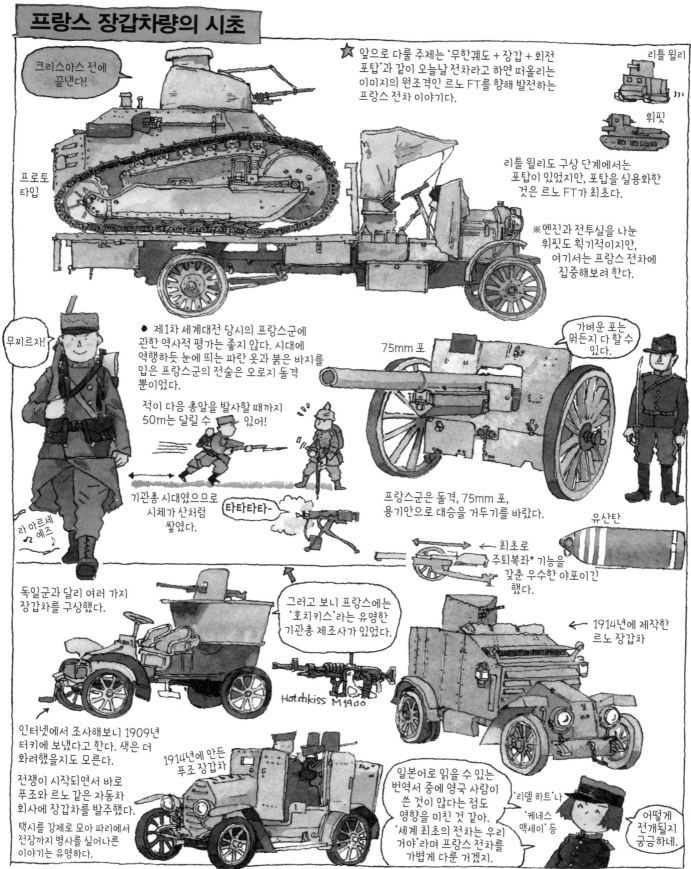

## 프랑스의 특이한 기계 ❶

⭐ '세계 최초의 근대 전차'라는 영광을 영국에게 뺏긴 ('TANK'라는 이름도!) 프랑스 전차 편이다. 양국 군대는 서로 기술 교류를 하지 않고 비슷한 시행착오만 하고 있었다. 그래서 한동안 특이한 기계가 계속 등장한다.

• 제1차 세계대전이 발발한 1914년 11월에 기술자인 P. 프로(Frot)가 군에 제안한 장갑 전투차량이다.

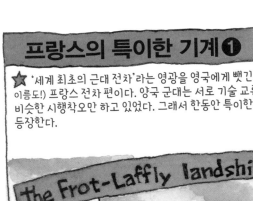

1915. Sep.

오! 영국의 리틀 윌리보다 빠르잖아.

## the Frot-Laffly landship

프로래플리 호

운하 바닥을 고르게 하는 롤러 차량에 방어 장갑을 부착하고 화기를 탑재한다는 아이디어였다.

Canal du Nord

장갑 로드 롤러란 거군!

Laffly roller

좌우를 깎고, 앞뒤로 늘린 상자를 덮는다.

🔄 이 시기는 증기 롤러가 주류인 것 같다. 장갑판으로 감싸면 찜통이 될 텐데…

무장은 기관총 6정, 탑승 인원은 9인승으로 할 예정이었던 것 같다. 불확실한 그림과 사진을 참고로 그렸다. 측면에 장착한 대포나 수수께끼의 '강해 보이는 몰드' 등은 매우 수상하다.

1915. March 실물은 더 단순하지 않을까?

2.3m  7m  2m

이 부분은 그림자라 잘 모르겠다.

⭐ 놀랍게도 실물 크기의 나무 모형이 아니라, 기관차 제조사가 제조를 담당해서 두께 7mm 장갑판으로 감쌌다고 한다.

이 래플리 롤러는 가솔린 엔진을 사용한다.

앞과 뒤에 운전석을 설치했다.

어떤 식으로 개조했는지는 분명하지 않다.

시속 3~5km

➡️ 평지밖에 달릴 수 없어서 탈락이다.

응? 롤러 차니까.

계속 이런 일이 반복되겠지.

## Levavasseur project 1903~8

1903년 초창기 계획에 '르바베소(Levavasseur) 프로젝트'가 있었다. 엄청난 선견지명이다.

자료 없음

장갑을 두른 각기둥 + 무한궤도 + 75mm 포

육군에 제안한 '대포 자동추진차'

르바베소 포병 대위

1905년에 다시 제안

거부

1908년, 시험 제작 차량 1대 14,000프랑, 모형 비용 8,000프랑 신청!

거부

거부

⭐ '르바베소 전차'에 관한 상세 내용은 분명하지 않다. 프랑스 포병은 대포 이동에 무한궤도 트랙터도 사용하고 있었기 때문에 두 가지를 연결하는 발상이 쉬웠던 걸까? 무한궤도 전투 차량을 돌격 병기로 사용하는 아이디어는 영국에서와 마찬가지로 사람들을 설득하지 못하고 끝났다.

# 뿔 달린 프랑스 전차

뿔?

《슈네데르 CA와 생샤몽》(SCHNEIDER CA ST. CHAMOND)이라는 책은 WW1의 슈네데르 CA 전차에 붙어있는 '뿔'에 주목한다. 이것은 당시 '철조망을 어떻게 뚫고 나갈 것인가?'라고 고민을 거듭한 결과였다. 그래서 이번에 설명할 내용은 가시철조망 절단 기계에 관한 이야기이다.

대상은 독일군의 꼼꼼한 철조망

철조망만 돌파할 수 있으면 보병 돌격은 성공한다!

1914년 11월 하원의원 브르통(J.L. Breton)과 기술자 프레토(Pretot)가 개발한 철조망 절단기.

회전톱

사용법
손으로 밀면서 전진

브르통·프레토의 톱

길이가 조절되는 금속 팔

동력 없음. 수레에 실려 있음.

지잉

붉은색 같이 엄청 화려했을지도 모르지만, 색은 전혀 알 수 없다.

철조망 절단! 전혀 쓸모없겠지?

와~

...

## The Breton-Pretot
### 브르통·프레토 호

1915년 여름에 신형 브르통·프레토의 톱을 트랙터에 장착해서 시험 제작했다. 가시철조망을 간단히 절단했다고 한다.

두 장의 날이 서로 반대 방향으로 미끄러진다. 아래에 있는 원판과 연동하는 것 같은데, 상세한 움직임은 알 수 없다.

이건 개량형일까?

험한 길은 주행이 어려웠다.

뭔지 모르겠지만 많이 싣고 있다. 밸러스트?

가솔린 엔진으로 움직이는 농경용 5톤 트랙터 뒷부분에 톱을 장착했다. 적진에는 후진으로 접근하게 된다.

싹둑싹둑

바퀴가 열 개인 거대 트랙터에 장착하는 등 연구를 계속했다.

어두워서 잘 보이지 않는다.

1915년의 장갑 트랙터에도

Bajac 5t tractor

르노 장갑차에도 붙여봤다.

Landship 사이트에 있던 그림을 참고해서 그렸다.

여러 가지 안이 있었던 것 같다.

※브르통·프레토 호 사진은 두 가지가 돌아다니는 것 같다. 당시 사진 잡지에서 스크랩한 것을 입수했는데, 인터넷에서 볼 수 있는 사진과 같다.

프랑스 전차 개발은 '우선 철조망 절단기부터'였다. 뿔이 메인이고 나머지는 덤이다.

이후에는 톱에 관해 아이디어를 내기보다 장갑 전투차량으로 짓뭉개면 끝이라는 것을

깨달은 것 같다.

그렇군!

당연한 얘기겠지.

계속

## Diplodocus militaris

일부에서 유명함

### 디플로도쿠스 밀리테리스 1915.

이번에는 프랑스군이 자랑하는 특이한 기계인 보와로 차량이다. 잴로거의 책에서 통칭 Diplodocus militaris(Military Dinosaur)라 부르므로 이 책에서도 그 이름을 사용한다.

1908년에 프랑스에서 표본을 전시했다고 한다.

디플로도쿠스

의미를 살려서 번역하면 '공룡 전차' 정도 될 것 같다.

※ 자료에 한계가 있어서 세세한 부분은 잘 보이지 않는다. 철골이 드러나 있어서 에펠탑 같은 갈색일 수도 있다고 상상해봤다.

체인으로 동력을 전달했던 것 같다.

무게추?

증설 파트?

찌그러지지 않게 만든 조인트도 자세히 설명할 수는 ❓ 없다.

운전석도 잘 보이지 않는다.

시험 제작 차량은 1915년 3~6월에 테스트했다. 첫인상은 텅텅 빈 느낌이고, 나중에 부품을 추가한 것 같다(사진 배경에 있는 나무로 계절을 알 수 있다).

← 앞?

4m×3m인 프레임이 여섯 개

➡ 군의 '철조망 절개 기계' 요청에 대응하기 위해 기술자인 보와로(Boirault)가 개발한 무게가 30톤인 이 기계는 여섯 개의 철제 프레임을 회전시켜서 전진했다. 오스프리에서 나온 《FRENCH TANKS OF WORLD WAR 1》에서 보면 동력은 모터라고 했다. 승무원은 2명이고, 철조망을 깔아뭉갠다는 점에서는 성공적이었다.

속도와 크기가 문제였다. 시속 1.8km….

**덜컹, 덜컹** 큰 소리를 내며 다가오지 않았을까?

☆ 프랑스군은 거대 바퀴 전차를 구상하지 않고, 무한궤도에 중점을 둔 것이 흥미롭다.

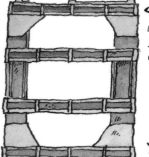

이런 원리네.

영국과 러시아는 거대 바퀴 전차를 생각하고 있었다.

탁! 탁!

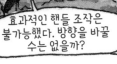

효과적인 핸들 조작은 불가능했다. 방향을 바꿀 수는 없을까?

# Appareil Boirault no 2
## 보와로 차량 2호

앞서 등장한 보와로 차량의 진화형이다. 장갑판으로 엔진과 승무원을 보호하고, 무장은 기관총 2정으로 했다. 그림은 완전히 상상도이다.

이것은 판용수철?!

← 철제 프레임 6개

1915년 11월, 보와로 차량 2호를 테스트했다. 사진은 조립 중인 차량을 인터넷에서 발견한 것이라, 상세한 내용은 알 수 없다. 1호는 모터를 이용했지만, 2호는 가솔린 엔진으로 구동했다. 상당히 작아졌지만 일단 장갑이 붙어있고, 무게는 30톤, 주행 속도는 시속 1km이다.

방향을 어떻게 바꾸는지는 알 수 없다.

두 사람 중 한 명이 보와로겠지.

제대로 방향을 틀 수 있게 됐어.

야아아

회전반경 100m로는…

100m

그리고 주행할 때 엄청난 소리가 났다고 해.

1916년 8월 탈락

★ 비슷한 시기인 1915년 1월, 슈네데르 사의 기술자가 영국의 홀트 트랙터 시연장을 견학한다.

결국 이건가!?

75마력 홀트 트랙터

철조망 절단기, 브르통. 프레토의 톱

프랑스군은 홀트 75에다 앞서 소개한 톱을 장착하려 했다는 점이 다르다.

배에 싣는 타이밍이 맞지 않아 프랑스 육군은 가지고 있던 작은 45마력 홀트 트랙터로 테스트했다.

45마력 "Baby Holt"

HOLT

영국군이 중포* 견인용으로 미국 트랙터를 사용하여 성공하자, 프랑스 육군도 홀트 75마력 트랙터를 구매하려 했다.

절단기를 붙이지 않는 대신 기관총 받침대를 장착했다. 이것이야말로 '전차'가 아닐까?

역시 작아서 참호를 건널 수 없네.

조종석을 앞으로 옮기면 어떨까?

프랑스군도 '홀트화' 되었다. 1915년 12월의 일이다.

장갑판 (모형)

*구경 155mm 이상으로 파괴력이 크고, 사정거리가 긴 야포

# CHAPTER
# 08

# 슈네데르 CA
## 프랑스 전차의 아버지 에스티엔느의 등장

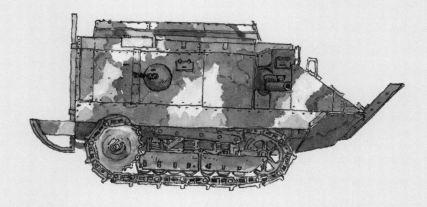

# 프랑스 전차 제1호

프랑스 전차의 아버지인 에스티엔느 중위(전차를 개발했을 당시의 계급)의 주도로 탄생한 프랑스 전차 '슈네데르 CA'. 에스티엔느 중위는 '전차는 대포의 일종'이라고 생각했습니다. 기존의 홀트 트랙터 위에 전투실을 설치했는데, 후기형에는 앞 페이지의 그림처럼 뒷부분에 연료탱크를 추가했습니다. 그리고 풍경에 녹아들게 만드는 '위장색'을 칠했습니다.

　프랑스의 대포에는 '포병 회색'이라 부르는 푸른빛을 띠는 회색 공업용 도료를 칠했습니다(몇몇 장비에는 더 비싼 올리브 회색으로 칠했다고 합니다). 1915년 무렵부터 대포에는 모습을 알아보지 못하게 하려고 분할 도장을 시행했습니다. 전차도 포병부대의 일부였으므로 같은 작업을 경험하였습니다. 단순히 위장색이라 해도 여러 방식이 있었습니다. 큰 상자 형태의 탈것이 전장을 돌아다니는 경험을 한 적이 없었으므로 도장에도 시행착오가 있었습니다. 나중에는 현지에서 자유롭게 위장색을 칠할 수 있게 되었는데 주로 황토색 · 녹색 · 갈색을 사용했습니다. 세계대전 초기의 프랑스군은 '보병은 눈에 띄는 붉은 바지, 붉은색이야말로 프랑스다'라는 사고방식을 가지고 있었습니다. 이를 감안하면 변화의 빠르기가 놀라울 정도입니다.

　무한궤도가 차체를 둘러싸고 있어 아무리 위장색을 칠해도 진흙투성이가 되어 버리는 영국의 마름모꼴 전차와는 상당히 다른 부분이 있습니다.

●슈네데르 CA
중량 13.5t
승무원 6명
75mm 포 1문 / 8mm 기관총 2정
장갑 두께 11.4mm
슈네데르 수랭식 4기통 가솔린 엔진 55마력 1기
속도 5.95km/h
길이 6,035mm / 폭 2,012mm / 높이 2,408mm

# 슈네데르 CA❶

## SCHNEIDER CA

여기서는 간발의 차이로 '세계 최초의 전차' 자리를 영국에 빼앗긴 슈네데르 CA 전차를 소개한다. 우선 '프랑스 전차의 아버지'인 젊은 에스티엔느 포병 중위가 등장한다. '포병대→항공대'라는 경력을 가지고 있으며, 군사 잡지에 다양한 생각을 게재한 논문을 쓴 인물이다.

착탄 관측에 비행기를 사용하기도 했다.

### Jean-Baptiste Estienne

전투에서 승리하는 나라는 어떤 지형에서도 달릴 수 있는 자동차에 75mm 포를 처음으로 탑재하는 나라다!

1914. 8.

그림은 나이든 후의 모습

1915년에 홀트 트랙터를 실험하고, 연말에 기획을 완성해서 1월에는 홀트 섀시를 사용한 전투차량의 시험 운전에 성공한다.

트랙터 위에 싣기만 했을 뿐이라고 말하기는 쉽지.

전쟁이 발발한 이후에 부지런히 '장갑 전투차량' 개발에 힘썼다.

37mm 호치키스 포

호치키스 기관총

장갑판

시속 6km로 보병과 함께 전진한다.

1915년 12월에 나온 아이디어다.

먼저 르노 사와 상담했지만 실현되지 못했다. 슈네데르 사를 찾아가니 홀트 트랙터를 연구하고 있었다.

처음에는 높았나?

벌써 뿔이…

조프르 장군과 사이가 좋았기 때문에, 슈네데르 전차의 개발을 진행했다.

FRANÇAISE Général ESTIENNE
POSTES 015
1860 1936

에스티엔느는 나중에 우표에도 등장한다.

본인이 '전차의 아버지'라고 주장한 브르통은 무시?

동시에

포병 중위 한 명과 제조사가 마음대로 신무기를 개발하고 있는 것을

좋지 않게 생각하는 집단도 분명히 존재했어.

육군의 '전문 자동차 군단'은 자존심에 큰 상처를 받았고, '정식 탱크'의 개발을 진행했다.

발끈

홀트 트랙터 위에 구조물을 실은 모형을 2주 만에 완성했다.

### 코드네임 '에스티엔느 트랙터'

라디에이터 부분 구멍

시험 제작 차량

타입 B 라고 부른다.

라디에이터 그릴이 닫혀있다?

볼형 마운트는 아직 없다.

진흙 덮개가 크다.

실제로는 호치키스 포가 아니라 슈네데르 사가 만든 75mm 유탄포를 실었다.

뿔

선박 형태

베이비 홀트 장갑 기계부터 이미 선박 형태였다. 기본 디자인이었을까?

75mm 포를 장착해서 강하다!

이것이 또 하나의 프랑스 전차 시험 차량 타입 A 이다.

나중에 생샤몽 전차가 된다.

109

# 슈네데르 CA ❷

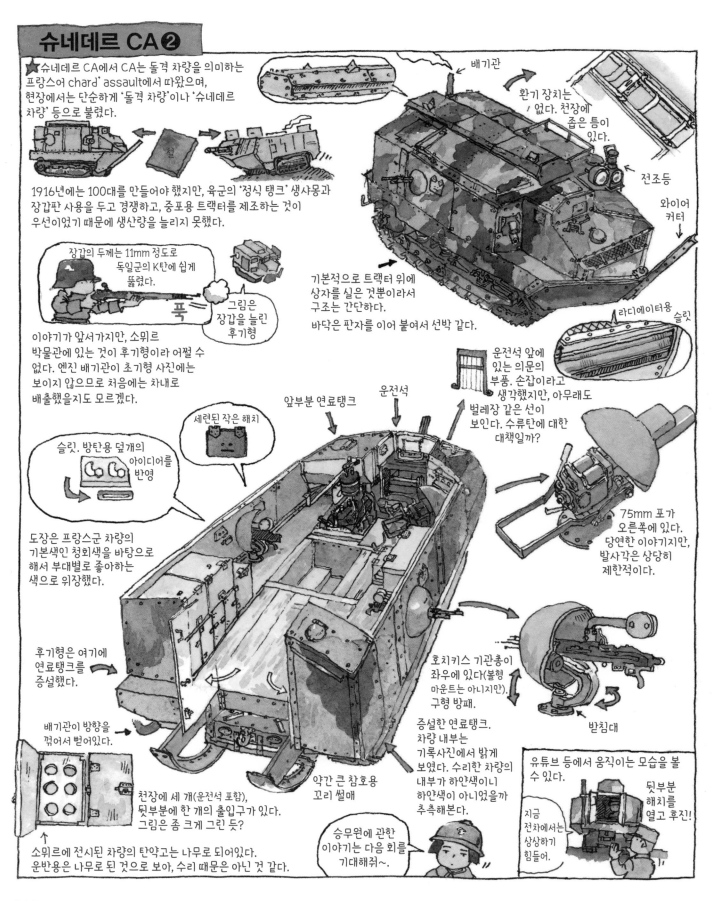

★슈네데르 CA에서 CA는 돌격 차량을 의미하는 프랑스어 chard' assault에서 따왔으며, 현장에서는 단순하게 '돌격 차량'이나 '슈네데르 차량' 등으로 불렸다.

철

1916년에는 100대를 만들어야 했지만, 육군의 '정식 탱크' 생사몽과 장갑판 사용을 두고 경쟁하고, 중포용 트랙터를 제조하는 것이 우선이었기 때문에 생산량을 늘리지 못했다.

장갑의 두께는 11mm 정도로 독일군의 K탄에 쉽게 뚫렸다.

푹

그림은 장갑을 늘린 후기형

이야기가 앞서가지만, 소뮈르 박물관에 있는 것이 후기형이라 어쩔 수 없다. 엔진 배기관이 초기형 사진에는 보이지 않으므로 처음에는 차내로 배출했을지도 모르겠다.

배기관

환기 장치는 없다. 천장에 좁은 틈이 있다.

전조등

와이어 커터

기본적으로 트랙터 위에 상자를 실은 것뿐이라서 구조는 간단하다.
바닥은 판자를 이어 붙여서 선박 같다.

라디에이터용 슬릿

세련된 작은 해치

슬릿. 방탄용 덮개의 아이디어를 반영

도장은 프랑스군 차량의 기본색인 청회색을 바탕으로 해서 부대별로 좋아하는 색으로 위장했다.

앞부분 연료탱크

운전석

운전석 앞에 있는 의문의 부품. 손잡이라고 생각했지만, 아무래도 벌레장 같은 선이 보인다. 수류탄에 대한 대책일까?

75mm 포가 오른쪽에 있다. 당연한 이야기지만, 발사각은 상당히 제한적이다.

후기형은 여기에 연료탱크를 증설했다.

배기관이 방향을 꺾어서 뻗어있다.

천장에 세 개 (운전석 포함), 뒷부분에 한 개의 출입구가 있다. 그림은 좀 크게 그린 듯?

소뮈르에 전시된 차량의 탄약고는 나무로 되어있다. 운반용은 나무로 된 것으로 보아, 수리 때문은 아닌 것 같다.

호치키스 기관총이 좌우에 있다(볼형 마운트는 아니지만). 구형 방패.

받침대

증설한 연료탱크. 차량 내부는 기록사진에서 밝게 보였다. 수리한 차량의 내부가 하얀색이니 하얀색이 아니었을까 추측해본다.

약간 큰 참호용 꼬리 썰매

승무원에 관한 이야기는 다음 회를 기대해줘~.

유튜브 등에서 움직이는 모습을 볼 수 있다.

뒷부분 해치를 열고 후진!

지금 전차에서는 상상하기 힘들어.

110

# 슈네데르 CA ❸

★ 슈네데르 CA와 승무원 이야기이다. CA는 돌격차량이란 뜻이므로 '슈네데르 CA 탱크'라는 명칭은 잘못된 것이다. '세계 최초'를 놓친 비애를 샤르가 국제 표준어가 되지 못한 것에서도 볼 수 있다.

프랑스 전차병들

↖ 항상 소개하는 가죽 코트 스타일. 전쟁 후기에 정착된 이미지이다. 원래는 차량부대의 복장이었다.

제각각

승무원은 모두 지원자들이다. 정해진 복장은 없었고, 원래 소속 부대 옷을 그대로 입었다. 전혀 활약할 곳이 없었던 기병 출신이 특히 많았다고 한다.

의욕이 대단했다고 한다.

베레모도 눈에 띈다.

전차는 특수포로 간주하여 포병대에 속했으므로 포병의 베레모일 수도 있다.

그런데 프랑스군은 왜 짐이 많을까?

● 슈네데르 CA는 6인승. 전차 안의 상황은 아마 최악이었을 듯싶다. 초기 밀폐 기계의 특징처럼 엔진이 노출되어 있어서 공간이 너무 비좁다!

바닥에서 천장까지 90cm

두두두두

의자도 없다.

바닥에서 40~50cm 위치에 총을 배치했다.

운전사만은 앉을 곳이 있었다.

이 사람은 기관사. 엔진과 싸운다.

이 사진의 병사들은 바닥에 서 있는 것이다.

전차 안에서 이동하는 것은 거의 불가능하다. 독자 여러분도 90cm짜리 공간을 체험해보자!

★ 세계 최초를 놓쳐서 생긴 두 번째 비애

너무해~.

'영국 탱크 같은 것이 오는 것 같다'며 독일군은 간단한 대책을 준비하고 있었다. 참호 폭을 약간 넓게 만들었다.

참호를 넘어가는 능력 1.75m

건널 수 없다.

★ 피격당하면 연료에 불이 붙어서 금방 불덩어리가 되었다고 한다. 특히 후기형은 뒷부분 출입구 좌우에 연료탱크가 있어서 도망칠 곳이 없었다.

연료 탱크

과쾅

꺅~

111

## 보충 칼럼 24  스페인 내전의 슈네데르 CA

☆ 제1차 세계대전이 끝난 후인 1921년, 스페인은 슈네데르 CA를
6대 구매해서 모로코에서 사용했다고 한다. 그 후 스페인 내전에서도
공화국군의 무기로 2대 정도 사용했다고 전해진다.

1936

우와!

프랑스군도 다른 차량을
접수했다고 했지만, 상태가 나빠서 사용하지 못했다.

# CHAPTER
# 09

# 생샤몽
## 야포를 앞에 탑재한 전동전차

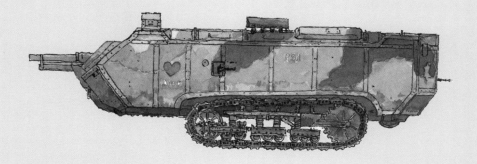

# 붉은 하트는 중대 마크

앞 페이지의 그림은 1918년 6월의 '생샤몽'을 그린 것입니다. 색을 칠할 때 참고한 차량의 주포는 이런 형태가 아니었습니다. 제가 그린 것은 바뀌기 전의 장비입니다.

하트 마크는 중대를 나타내는 기호 중 하나입니다. 제1중대는 스페이드, 제2중대는 하트, 제3중대는 다이아몬드, 제4중대는 클로버이므로 그림의 전차는 제2중대의 전차입니다.

생샤몽은 슈네데르 CA를 상대하기 위해 만든 차량이므로, 크기를 포함한 모든 부분에서 슈네데르 CA를 능가하려고 했습니다. 예를 들면, 슈네데르 CA가 기관총 2정이라면 생샤몽은 4정, 슈네데르 CA가 느린 초속의 짧은 포신 75mm 포라면 생샤몽은 긴 포신으로 만들었습니다. 기본적으로 같은 주행 장치의 연장선에 있어서 섀시를 변경하기 수월했다는 이야기도 있습니다.

엔진은 발전용이었기 때문에 모터로 주행합니다. 장애물이 없는 일반 도로에서 주행거리는 약 60km였고, 최고 속도는 시속 8km였다고 합니다. 길이 험하지만 않다면 제법 자유롭게 방향을 조종할 수 있었던 것 같지만 그만큼 구조가 복잡해서 제작이 어려웠고, 차내에서 기계가 차지하는 공간도 상당히 넓었습니다.

●생샤몽 돌격 전차
중량 23t
승무원 9명
75mm 포 1문 / 8mm 기관총 4정
장갑 두께 11.5mm
파나르 수랭식 4기통 가솔린 엔진 90마력 1기
속도 8.52km/h
길이 8,827mm / 폭 2,667mm / 높이 2,362mm

# 생샤몽 ❶
## ST. CHAMOND

생샤몽 M.16
75mm 포 1문
기관총 4정
9인승

☆ 이번 이야기는 프랑스군의 '정식 탱크'인 생샤몽에 관한 이야기이다. 앞서 언급한 대로 육군 전문 자동차 군단은 관례를 따르지 않고 만들어진 슈네데르 CA를 좋게 생각하지 않았다. 그래서 그에 대항하여 동시에 개발된 독자적인 장갑 전투차량이 생샤몽이다.

↑ 홀트 무한궤도를 약간 연장했다.

• 누구나 '왜 이렇게 길까?' 라고 생각할 것이다. 그 이유는… ⇨

### 생샤몽의 얼굴이 긴 이유는?

포병 장교인 Rimailho 기술 대령은 75mm 포를 설계했지만, 특허사용료 수입은 거의 없었다. 그런 그에게 신형 장갑 전투차량을 설계하라는 명령이 떨어졌다.

시무룩

시험 제작 차량

무한궤도 부분에 덮개가 있다. 진흙이 잔뜩 껴서 금방 떼어내 버린다.

우수한 점은 75mm 포를 사용한다는 거지.

번뜩!

내가 개발한 긴 포신은 강력해!

…라며 자신이 개발한 야포를 어떻게든 탑재하려고 해서 차체를 상당히 연장해야 했다.

파나르 엔진

동력계 사진이 거의 없다.

버스 등에서 사용했다고 한다.

☆ 생샤몽은 엔진으로 전기를 만들어서 좌우의 모터로 달리는 전기 전차였다(포르쉐 티거와 마찬가지).

고른 땅에서는 잘 달리고 방향도 잘 틀었다.

영국의 마크 Ⅰ과 달리 혼자서도 조종할 수 있어.

불필요한 기계식 변속기가 없다.

※그 결과 이렇게 튀어나왔다.

전차마다 야포 1문만큼의 특허 수입이 생긴다.

뭐!?

포르쉐 박사의 전기 자동차

1900

이 시대는 내연기관도 불안정해서

증기 동력과 전기모터 모두 비슷하게 초기 수준이었던 것 같아.

딱히 시대를 앞서간 것은 아니다.

너무 튀어나와서 혹시나 하는 마음에 앞에 바퀴를 달았던 것 같다.

아무리 생각해도 균형이 맞지 않아 이상해 보인다.

117

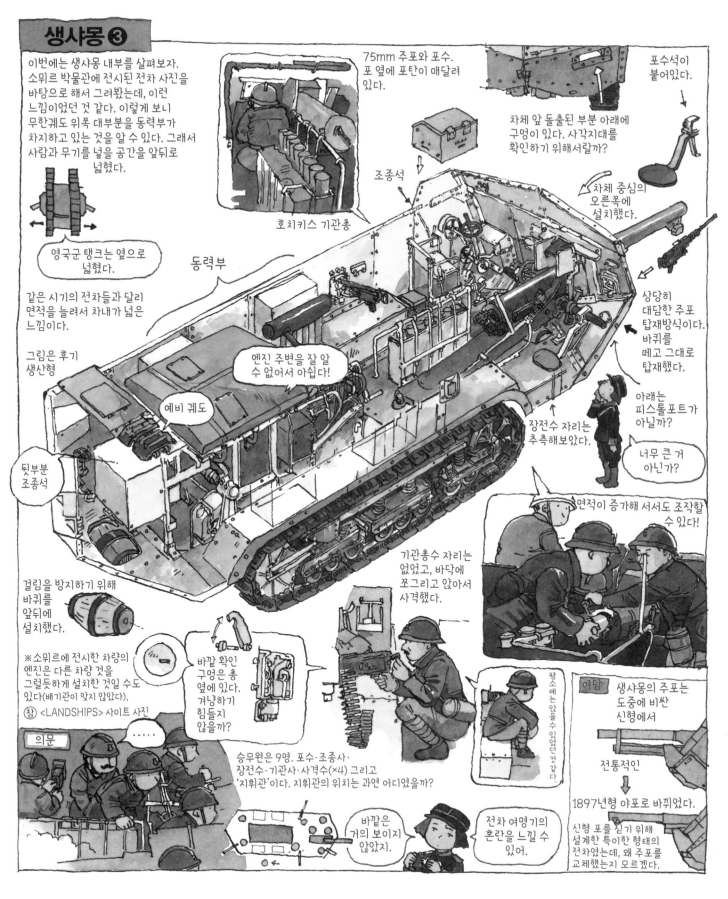

# 생샤몽❸

이번에는 생샤몽 내부를 살펴보자. 소뮈르 박물관에 전시된 전차 사진을 바탕으로 해서 그려봤는데, 이런 느낌이었던 것 같다. 이렇게 보니 무한궤도 위쪽 대부분을 동력부가 차지하고 있는 것을 알 수 있다. 그래서 사람과 무기를 넣을 공간을 앞뒤로 넓혔다.

영국군 탱크는 옆으로 넓혔다.

동력부

같은 시기의 전차들과 달리 면적을 늘려서 차내가 넓은 느낌이다.

그림은 후기 생산형

뒷부분 조종석

예비 궤도

엔진 주변을 잘 알 수 없어서 아쉽다!

걸림을 방지하기 위해 바퀴를 앞뒤에 설치했다.

※소뮈르에 전시한 차량의 엔진은 다른 차량 것을 그럴듯하게 설치한 것일 수도 있다(배기관이 맞지 않았다). 참 <LANDSHIPS> 사이트 사진

의문

·····

바깥은 거의 보이지 않았지.

전차 여명기의 혼란을 느낄 수 있어.

75mm 주포와 포수. 포 옆에 포탄이 매달려 있다.

조종석

호치키스 기관총

포수석이 붙어있다.

차체 앞 돌출된 부분 아래에 구멍이 있다. 사각지대를 확인하기 위해서일까?

차체 중심의 오른쪽에 설치했다.

상당히 대담한 주포 탑재방식이다. 바퀴를 떼고 그대로 탑재했다.

아래는 피스톨포트가 아닐까?

너무 큰 거 아닌가?

장전수 자리는 추측해보았다.

면적이 증가해 서서도 조작할 수 있다!

기관총수 자리는 없었고, 바닥에 쪼그리고 앉아서 사격했다.

바깥 확인 구멍은 총 옆에 있다. 겨냥하기 힘들지 않을까?

평소에는 앉을 수 있었던 것 같다

승무원은 9명. 포수·조종사·장전수·기관사·사격수(×4) 그리고 '지휘관'이다. 지휘관의 위치는 과연 어디였을까?

여담 생샤몽의 주포는 도중에 비싼 신형에서

전통적인

⬇

1897년형 야포로 바뀌었다.

신형 포를 싣기 위해 설계한 특이한 형태의 전차였는데, 왜 주포를 교체했는지 모르겠다.

119

ST. CHAMOND

이번 이야기에서는 생샤몽의
첫 출전과 전투 모습을 소개한다.
쉽게 볼 수 있는, 나무를 쓰러뜨리며
전진하는 생샤몽 사진을
바탕으로 그린 그림이다.
나무를 어느 정도 미리 잘라두지
않고 쓰러뜨리며 전진하는 게
가능했을지는 의문이다.

⭐ 첫 출전인 1917년 4월 생샤몽 30대를 준비했지만,
초기 형태는 무한궤도의 폭이 좁아서
움직일 수 없었다.

……

진흙

작전 개시
지점까지 몇 km만
스스로 주행했다.

⭐ 그래서 데뷔가 5월로 미뤄진다. 니벨 공세의
일부로 Laffaux Mill 부근까지 열차로 싣고 가서 투입되었다.

시트와 열차의
색은 확실하지
않다.
청회색일
수도 있다.

이동하는 동안
부품을
사용하기
위해
3대를
해체한다.
금방 고장나기 때문이다.

지면도 단단하고, 독일군의 준비도 부족해서
비교적 성공을 거둔 것 같다(전쟁의 역사에서
이렇게 무시당하다니…).

진흙 위에서
무한궤도가 미끄러지기만
할 뿐이었다!

(회상록)

• 지면이 단단하고
참호 폭이 좁으면
그럭저럭 활약할 수 있었던
것 같다. 그러나 보병이 따라올 수 없어서
적진을 돌파해도 결국 되돌아왔다.

……

노출됨

편리한
뒷부분 운전석

주르륵

탱크와 보병부대
사이의 연락을
위해 깃발을 사용
하는 것은 실패했다.
가만있어도 전차는
집중공격을 받는데,
깃발을
꺼내면 벌집이
된다.

결국 전령에 의지한다.

차장의
손 부상도
심각했다.

아얏

⭐ 초기 기계가 가지는 문제는 있었지만, 탱크의 의미를
어느 정도는 발견한 것 같았다.

⭐ 진형을 만들기 위해
애초에는 세우고 눕힐 수
있는 판을 생각한 것 같지만
확실하지는 않다.

프랑스 마니아
사이트에서
논의되는 것 같다.

제2차 세계대전도
마찬가지였어.

수송차
형태로
개조하기도
했다.

생샤몽과 슈네데르 CA의 생산은 끝나고,
새로운 전차 르노 FT가 등장한다.

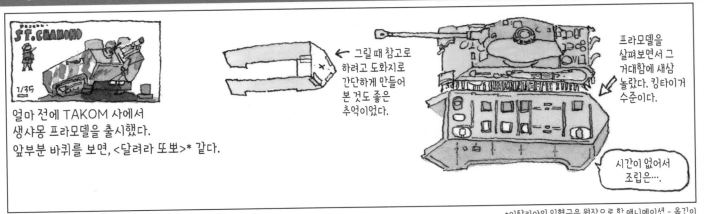

ST. CHAMOND
1/35

얼마 전에 TAKOM 사에서
생샤몽 프라모델을 출시했다.
앞부분 바퀴를 보면, <달려라 또뽀>* 같다.

← 그릴 때 참고로
하려고 도화지로
간단하게 만들어
본 것도 좋은
추억이었다.

프라모델을
살펴보면서 그
거대함에 새삼
놀랐다. 킹타이거
수준이다.

시간이 없어서
조립은...

*이탈리아의 인형극을 원작으로 한 애니메이션 - 옮긴이

122

# CHAPTER
# 10

# 돌파용 장갑차량 A7V
## 제식 명칭은 '수송 제7과'

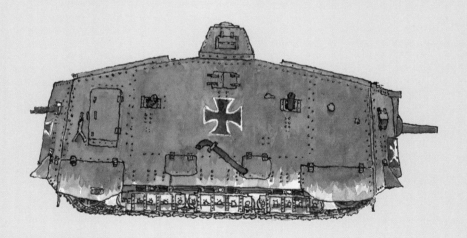

# 총생산 대수는 겨우 20대

A7V는 20대가 전부 수작업으로 제작되어서 차량마다 조금씩 차이가 있었습니다. 처음 만든 몇 대는 포가(포의 몸통을 올려놓는 받침틀)가 달라서 대표적인 모델과는 주포 주변이 다릅니다. 그리고 크루프 사에서 납품한 장갑판이 전부 불량이라 전혀 사용할 수 없어서, 옆면이 철판 세 장을 이어붙인 형태인 것이 첫 번째 로트에서 생산된 차량의 큰 특징입니다. 앞 페이지 그림은 옆면이 철판 한 장으로 된 두 번째 로트 차량입니다. 검은 바탕에 하얀 해골이 그려진 차량 번호 526번 알터프리츠(Alter Fritz) 호입니다.

기본 도장에 관해서는 여러 설이 있습니다. 녹색을 띠는 회색부터 선명한 짙은 회색까지 폭이 넓었던 것 같습니다. 차량마다 이름과 역사가 알려져 있어 이 책에서는 꼼꼼하게 세부사항을 구별해서 그리지는 않았습니다.

같은 섀시를 사용한 파생형 수송차가 제작된 것도 A7V 생산을 압박했습니다. 1918년 3월, 당초 발주했던 100대 중 나머지 80대를 전부 수송 차량 게렌드바겐(Geländewagen. 오프로더)으로 완성하는 것이 결정되어 A7V 제조는 일찍 끝이 나버렸습니다. 게렌드바겐은 장갑과 무장이 필요하지 않았지만 전차형과 마찬가지로 험한 길에 약하고 연비도 나빠서 같은 양의 화물을 수송한다면 트럭쪽이 우수했다는 이야기가 있습니다.

A7V는 영국의 마크 IV 탱크와 사상 처음으로 전차전을 펼친 것으로도 역사에 이름을 남겼습니다. 책마다 세부 내용에 관해서는 차이가 있지만, 독일 사람들은 영국의 6파운더 포로는 몇 발을 맞춰도 A7V를 파괴할 수 없을 정도로 위력은 약하다고 판단했던 것 같습니다.

**● A7V 돌격용 장갑차량**
중량 30t
승무원 18~24명
5.7cm 포 1문 / 기관총 6정
장갑 두께 15~30mm
가솔린 엔진 200마력 2기
속도 12.8km/h
길이 8,001mm / 폭 3,048mm / 높이 3,292mm

# 괴벨의 6족 전차

☆ 이번 이야기는 독일군 편이다. '독일=기갑사단'이라는 이미지가 있지만, 1914년에 제1차 세계대전이 발발했을 때는 독일군에 장갑차량이 없었다. 하물며 전차는 말할 필요조차 없었다.

• 독일군은 '길=자동차 아니면 말'이라는 고정관념을 가지고 있었다.

움직이는 대포 어때?

헝가리 기사의 제안 거절 (1911)

필요 없어.

대포는 말이 끌고 가면 돼.

벨기에는 이렇게 지나가는 거야. 카이저

확

옛날부터 벨기에는 전장이었다. 중립국이라서 이 정도 무장이 필요했을 것 같다.

미네르바 스포츠카

전쟁이 발발했다. 벨기에와 러시아의 장갑차에 손을 쓸 수가 없었다!

벨기에군의 미네르바 장갑차
뭐든지 일단 무장을 했다.
개에게 기관총을 끌게 하기도 했다.

러시아의 오스틴 장갑 자동차다. 러시아 장갑차의 종류는 엄청나게 많지만 이 책에서는 다루지 않는다.

➡ 이런 이유로 개전 후 서둘러서 장갑 전투차량 개발을 시작한다.

☆ 그래도 독일은 과학의 나라이다. 1913년 독일인 기술자 프리드리히 괴벨은 독자적으로 험한 길을 주행하는 기계를 제작하고 있었다. 바퀴도 없고 궤도도 없이 여섯 개의 다리로 걷는 기계다!!

단번에 거대 바퀴와 무한궤도를 건너뛰는 발상이 대단하다.

단번에

괴벨의 '육상전함'. 이렇게 선명하지 않은 그림밖에 없어서 아쉽다.

왠지 이 부분의 공간이 수상하다.

※그래서 다리 그림은 대부분 상상이다.

• 4톤 NAG 트럭에 다리 여섯 개를 장착(자료에 따라서는 'six sets'니까 여섯 쌍이면 12개)해서 고르지 않은 땅에서도 쓱쓱 갈 수 있어야 했다. 전쟁 발발로 일시 중단됐지만, 발표는 했다.

참 German Panzers 1914-18
Osprey NEW VANGUARD

독일 과학은 세계 최고다!

첫걸음을 내디뎠지만 바로 무너져 내렸다.
(스티븐 잴로거)

…

127

# 독일의 장갑차들

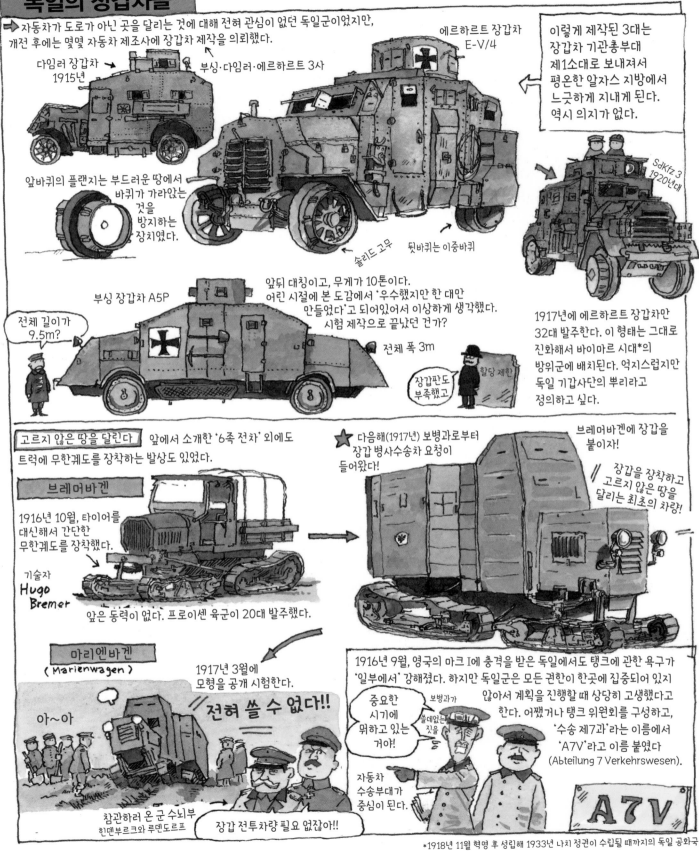

자동차가 도로가 아닌 곳을 달리는 것에 대해 전혀 관심이 없던 독일군이었지만, 개전 후에는 몇몇 자동차 제조사에 장갑차 제작을 의뢰했다.

**다임러 장갑차 1915년**

**부싱·다임러·에르하르트 3사**

**에르하르트 장갑차 E-V/4**

이렇게 제작된 3대는 장갑차 기관총부대 제1소대로 보내져서 평온한 알자스 지방에서 느긋하게 지내게 된다. 역시 의지가 없다.

앞바퀴의 플랜지는 부드러운 땅에서 바퀴가 가라앉는 것을 방지하는 장치였다.

솔리드 고무

뒷바퀴는 이중바퀴

*SdKfz 3 1920년대*

**부싱 장갑차 A5P**

앞뒤 대칭이고, 무게가 10톤이다. 어린 시절에 본 도감에 '우수했지만 한 대만 만들었다'고 되어있어서 이상하게 생각했다. 시험 제작으로 끝났던 건가?

전체 길이가 9.5m?

전체 폭 3m

장갑판도 부족했고

할당 제한

1917년에 에르하르트 장갑차만 32대 발주한다. 이 형태는 그대로 진화해서 바이마르 시대*의 방위군에 배치된다. 억지스럽지만 독일 기갑사단의 뿌리라고 정의하고 싶다.

---

**고르지 않은 땅을 달린다**

앞에서 소개한 '6족 전차' 외에도 트럭에 무한궤도를 장착하는 발상도 있었다.

**브레머바겐**

1916년 10월, 타이어를 대신해서 간단한 무한궤도를 장착했다.

기술자 Hugo Bremer

앞은 동력이 없다. 프로이센 육군이 20대 발주했다.

다음해(1917) 보병과로부터 장갑 병사수송차 요청이 들어왔다!

브레머바겐에 장갑을 붙이자!

장갑을 장착하고 고르지 않은 땅을 달리는 최초의 차량!

**마리엔바겐** (Marienwagen)

1917년 3월에 모형을 공개 시험한다.

아~아

**전혀 쓸 수 없다!!**

참관하러 온 군 수뇌부 힌덴부르크와 루덴도르프

장갑 전투차량 필요 없잖아!!

중요한 시기에 뭐하고 있는 거야!

보병과가 쓸데없는 짓을

자동차 수송부대가 중심이 된다.

1916년 9월, 영국의 마크 I에 충격을 받은 독일에서도 탱크에 관한 욕구가 '일부에서' 강해졌다. 하지만 독일군은 모든 권한이 한곳에 집중되어 있지 않아서 계획을 진행할 때 상당히 고생했다고 한다. 어쨌거나 탱크 위원회를 구성하고, '수송 제7과'라는 이름에서 'A7V'라고 이름 붙였다 (Abteilung 7 Verkehrswesen).

A7V

*1918년 11월 혁명 후 성립해 1933년 나치 정권이 수립될 때까지의 독일 공화국

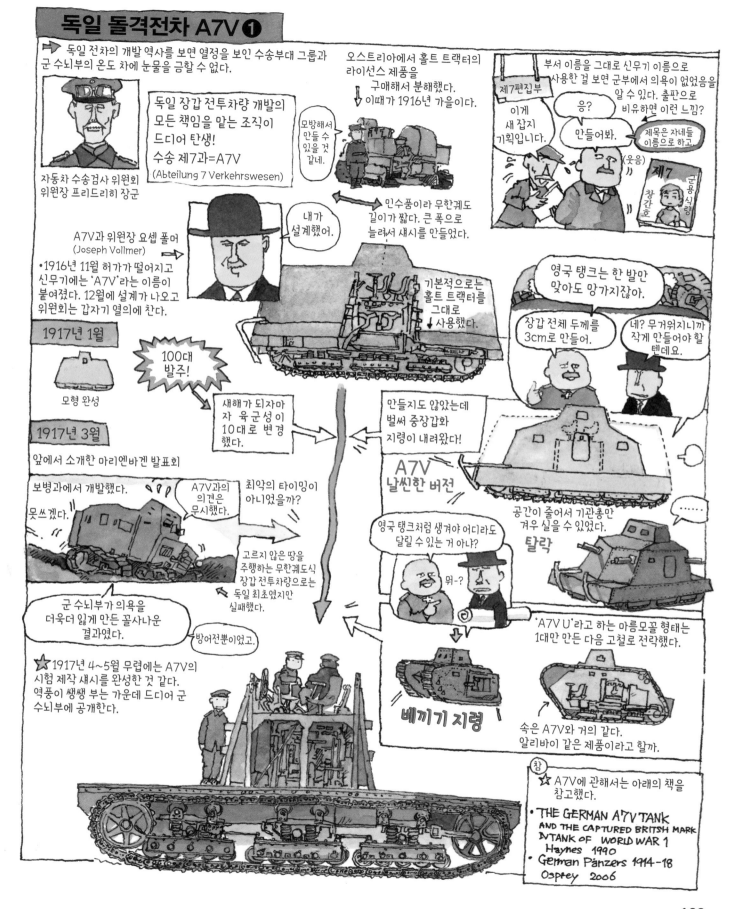

독일 돌격전차 A7V ①

독일 전차의 개발 역사를 보면 열정을 보인 수송부대 그룹과 군 수뇌부의 온도 차에 눈물을 금할 수 없다.

자동차 수송검사 위원회 위원장 프리드리히 장군

독일 장갑 전투차량 개발의 모든 책임을 맡는 조직이 드디어 탄생! 수송 제7과=A7V (Abteilung 7 Verkehrswesen)

A7V과 위원장 요셉 폴머 (Joseph Vollmer)

•1916년 11월 허가가 떨어지고 신무기에는 'A7V'라는 이름이 붙여졌다. 12월에 설계가 나오고 위원회는 갑자기 열의에 찬다.

1917년 1월

모형 완성

100대 발주!

1917년 3월

앞에서 소개한 마리엔바겐 발표회

보병과에서 개발했다.

못쓰겠다.

A7V과의 의견은 무시했다.

최악의 타이밍이 아니었을까?

고르지 않은 땅을 주행하는 무한궤도식 장갑 전투차량으로는 독일 최초였지만 실패했다.

군 수뇌부가 의욕을 더욱더 잃게 만든 꼴사나운 결과였다.

방어전뿐이었고.

☆ 1917년 4~5월 무렵에는 A7V의 시험 제작 섀시를 완성한 것 같다. 역풍이 쌩쌩 부는 가운데 드디어 군 수뇌부에 공개한다.

오스트리아에서 홀트 트랙터의 라이선스 제품을 구매해서 분해했다. 이때가 1916년 가을이다.

모방해서 만들 수 있을 것 같네.

민수품이라 무한궤도 길이가 짧다. 큰 폭으로 늘려서 섀시를 만들었다.

내가 설계했어.

기본적으로는 홀트 트랙터를 그대로 사용했다.

새해가 되자마자 육군성이 10대로 변경했다.

제7편집부

이게 새 잡지 기획입니다.

응?

만들어봐.

부서 이름을 그대로 신무기 이름으로 사용한 걸 보면 군부에서 의욕이 없었음을 알 수 있다. 출판으로 비유하면 이런 느낌?

제목은 자네들 이름으로 하고

(웃음)

제7 군용식량 창간호

영국 탱크는 한 발만 맞아도 망가지잖아.

장갑 전체 두께를 3cm로 만들어.

네? 무거워지니까 작게 만들어야 할 텐데요.

만들지도 않았는데 벌써 중장갑화 지령이 내려왔다!

A7V 날씬한 버전

공간이 줄어서 기관총만 겨우 실을 수 있었다.

탈락

영국 탱크처럼 생겨야 어디라도 달릴 수 있는 거 아니야?

뭐-?

'A7V U'라고 하는 마름모꼴 형태는 1대만 만든 다음 고철로 전락했다.

베끼기 지령

속은 A7V와 거의 같다. 알리바이 같은 제품이라고 할까.

참 ☆ A7V에 관해서는 아래의 책을 참고했다.

• THE GERMAN A7V TANK AND THE CAPTURED BRITSH MARK IV TANK OF WORLD WAR 1 Haynes 1990
• German Panzers 1914-18 Osprey 2006

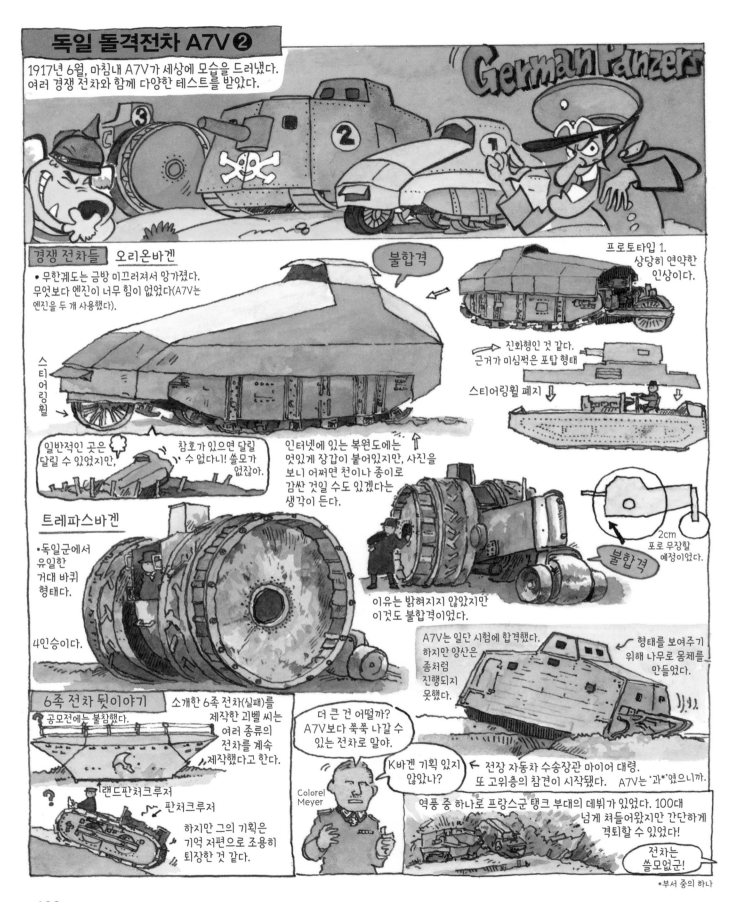

# 독일 돌격전차 A7V ❷

1917년 6월, 마침내 A7V가 세상에 모습을 드러냈다.
여러 경쟁 전차와 함께 다양한 테스트를 받았다.

*German Panzers*

## 경쟁 전차들

### 오리온바겐

• 무한궤도는 금방 미끄러져서 망가졌다.
무엇보다 엔진이 너무 힘이 없었다(A7V는
엔진을 두 개 사용했다).

스티어링휠

불합격

프로토타입 1.
상당히 연약한
인상이다.

진화형인 것 같다.
근거가 미심쩍은 포탑 형태

스티어링휠 폐지

일반적인 곳은
달릴 수 있었지만,

참호가 있으면 달릴
수 없다니! 쓸모가
없잖아.

인터넷에 있는 복원도에는
멋있게 장갑이 붙어있지만, 사진을
보니 어쩌면 천이나 종이로
감싼 것일 수도 있겠다는
생각이 든다.

### 트레파스바겐

•독일군에서
유일한
거대 바퀴
형태다.

4인승이다.

이유는 밝혀지지 않았지만
이것도 불합격이었다.

2cm
포로 무장할
예정이었다.

불합격

A7V는 일단 시험에 합격했다.
하지만 양산은
좀처럼
진행되지
못했다.

형태를 보여주기
위해 나무로 몸체를
만들었다.

## 6족 전차 뒷이야기

공모전에는 불참했다.

소개한 6족 전차(실패)를
제작한 괴벨 씨는
여러 종류의
전차를 계속
제작했다고 한다.

더 큰 건 어떨까?
A7V보다 쭉쭉 나갈 수
있는 전차로 말야.

K바겐 기획 있지
않았나?

Colorel
Meyer

전장 자동차 수송장관 마이어 대령.
또 고위층의 참견이 시작됐다.    A7V는 '과*'였으니까.

랜드판처크루저

판처크루저

하지만 그의 기획은
기억 저편으로 조용히
퇴장한 것 같다.

역풍 중 하나로 프랑스군 탱크 부대의 데뷔가 있었다. 100대
넘게 쳐들어왔지만 간단하게
격퇴할 수 있었다!

전차는
쓸모없군!

*부서 중의 하나

# 독일 돌격전차 A7V ❸

문득 기본적인 사항을 다루지 않았다는 생각이 들었다.
A7V란?
독일 최초의 '전차'로 무장은 57mm 포 1문, 기관총 6정, 18인승

562 헤라클레스호 원래 표식 위에 덧칠했다.

☆ A7V의 양산은 좀처럼 진행되지 않았다. 군 수뇌부 내부의 의견과 의지가 서로 달랐고, 전차 양산 자재는 2등급 정도로 취급했다. 우선순위가 낮아서 여분이 있을 때만 차례가 돌아왔다.

강판이 오지 않아.

A7V

독일 기갑사단의 조상

전차는 필요 없어!

대포를 견인할 트랙터가 필요해!

중형을 넘는 전차가 필요해!

솔직히 무슨 소린지 모르겠다.

루덴도르프

영예로운 1호차는 1918년 9월 완성됐다.

● 장갑판이 필요 없는 무한궤도 차량을 먼저 만들었다. 수송부대로 짐을 옮기는 용도로 사용했다.

A7V 게렌드바겐

대포를 돌릴 수 없어서 기관총만….

'내연기관 자주(自走) 기계는 수송용으로 사용한다'라는 강력한 생각을 느낄 수 있다.

●섀시 위에 장갑 몸체를 덮은 것뿐이라 아랫부분만으로도 움직일 수 있다.

잭(소형 기중기)

덜컹

주행 장치

영국 탱크와 달리 스프링이 있는 것이 자랑거리였다.

☆ A7V는 어느 정도 달릴 수 있었을까? 가장 큰 문제는 민수용 트랙터의 발전형이라는 점이다.

아래로 심하게 튀어나와 있다.

기어박스가 너무 커서 지면과 차체 바닥 사이의 거리가 지나치게 짧았다.

그래서 요철이 심하면 달릴 수 없었다. 포탄 구덩이와 폭이 넓은 참호 등은 말할 것도 없다.

평지라면 문제없다.

데구루루

몇십 대밖에 생산하지 않아서 전부 수작업으로 만들었다.

다음은 전차병 이야기다.

완전히 똑같은 전차는 없어.

| 505 | 바덴 호 | 전쟁 말기 파손 |
|---|---|---|
| 506 | 메피스토 호 | 1918년 4월 오스트리아군이 회수 |
| 507 | 사이클롭(Cyklop) 호 | 비스바덴에서 파손 |
| 525 | 지그프리드 호 | 비스바덴에서 파손 |

전부 이름이 있다.

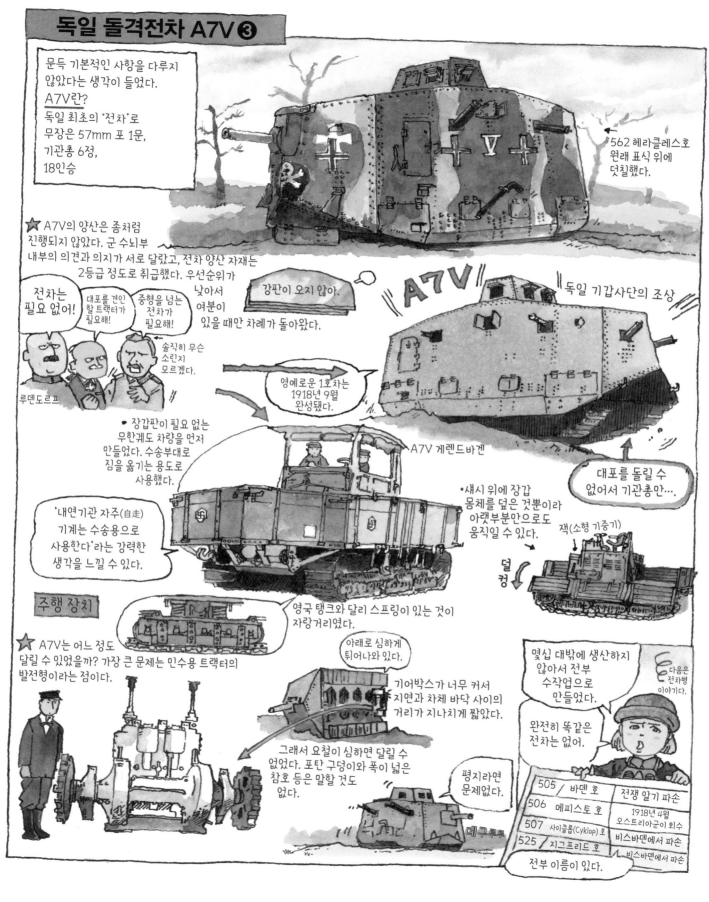

# 독일 돌격전차 A7V ❹ (독일 전차병의 탄생)

1917년 11월 영국군은 캉브레 전투에 탱크를 대량 투입했다. 이 전투를 통해 독일군은 탱크를 높게 평가하게 되었다.

MarkIV

옛날 형태의 헬멧

전차 쓸만하네.

와~

장갑판 할당 우선순위가 높아져 큰 철판 한 장으로 만들 수 있게 되었다.

A7V의 승무원은 18명이다. 이번에는 이 사람들에 관한 이야기다.

전투반
포병
보병 (기관총병)
공병 (돌격)

수송부대 운전병
자동차 운전반
전선에 나간 적 없어.

유명한 WW1 독일 전차병 이미지다. 실제로는 원래 부대의 복장을 했을 뿐이다. 상하의가 붙어있는 옷은 더워서 엔진 담당 등 일부 병사만 착용했다고 한다.

☆ 독일군은 '전차병'을 양성할 때 처음부터 양성하지 않고 여러 병과에서 사람을 모았다. 그래서 전혀 통일성이 없었다. 처음에는 돌격 공병 훈련만 계속했다고 한다.

A7V 승무원

이 이야기는 나중에 다시 하겠다.

마스크는 영국군 것을 따라서 제작했다.

사격하기 어려울 것 같다.

지휘관이 있는 곳은 따로 격리되어 있지 않고, 시끄럽지만 빈틈을 통해 지시할 수 있었던 것 같다.

핸들이 왼쪽에 있다.

빗물이 들어올 것 같은 천장이다.

승무원이 많은 이유는 기관총 조작에 두 명이 필요하기 때문이다.

대포를 두 명이 사용할 수 있었는지는 알 수 없다.

엔진

배기가스는 당연히 밖으로 나가게 했다.

뒤에 기관총이 4정 있어서 8명 탑승했다.

장갑이 없는 게렌드바겐이다. 엔진은 두 개이며, 기관사 한 명이 한 개를 담당한 것 같다.

이렇게 어중간한 위치에 있는 해치는 엔진 담당의 채광용인 것 같다.

기본적으로 이 시대의 탱크는 엔진이 내부에 있어서 엄청난 소음, 나쁜 공기, 고온 속에서 일해야 했다.

사용하는 사람들도 용도를 분명히 알지 못해 보병이 적의 전차에 익숙해지기 위한 훈련용으로 사용했다고 하는 굴욕적인 에피소드도 남아있다.

늘어난 인원은 땅에 구멍이 있으면 나가서 메우는 담당이었다.

때로는 24명도 탔다.

허겁지겁

# 슈트름트루펜 ❶

참모장 루덴도르프
솜(Somme)전투 후에 힌덴부르크와 함께 전쟁을 지휘한다.

☆ 왜 독일군은 전차에 전혀 흥미가 없었을까? 연료와 장갑판 할당에 한계가 있었다고 해도 지금 생각해보면 이상하다. 이번에는 이것과 관련 있는 내용을 생각해보겠다. 힌덴부르크 계획이라 부르는 독일군 재건 지령에는 '기계화와 대포, 기관총, 수류탄 생산에 중점을 두어야 한다'라고 되어있다. 수류탄!
그리하여 돌격부대(슈트름트루펜)를 창설했다. 돌격부대는 자율적으로 전투를 수행하는 작은 그룹의 '프로(엘리트) 부대'였다.

지금까지는 '살아있는 벽'으로 불렸다.
슬금슬금

지금까지 피해가 너무 커서 큰 부대를 만들지 못하는 사정도 있었다.

척탄병을 중심으로 한 슈트름트루펜은 이런 느낌이다.

디케 베르타

자랑이던 거포는 포기하고 작은 포의 생산에 주력했다. 물자와 발 빠른 말도 부족했고,

견인할 말은 야위어서 사용할 수 없었다!
·····

## Sturmtruppen
(돌격부대)

척탄병 →
수류탄을 많이 던지기 위해 좌우로 나눈 주머니에 수류탄을 가득 담았다.

흔들리지 않게 끈으로 연결한다. 와이어 절단기를 가진 병사도 있다.

↖ 수류탄을 가득 담으면 양쪽 더해서 10개 정도 들어갈 수 있는 주머니다.

앞에서도 그렸던 초기 척탄병의 모습이다.
고리가 달려서 척탄을 여기저기 장착할 수 있다.

라이플에 장착하는 작은 척탄도 사용한 것 같다.

Gehou

이것은 참호 등에서 고정 받침대에 소총을 설치한 모습이다.

MG08/15
기관총도 들고 다닐 수 있게 되었다. MG08/15는 서서 발사할 수도 있었다고 한다.

위장색 헬멧은 전쟁 말기부터 사용했다.

보병 또는 돌격병? 수류탄을 던지는 척탄병을 보호한다.

지휘관

병사가 있기도 했다.
화염방사기를 담당하는

들고 다닐 수 있는 최강 화기!

벨트 탄띠가 아니라 기동성이 있다.

드럼형 탄창 케이스 (두 개 들이)

①
②

이론상으로는 이렇게 조금씩 어디까지라도 갈 수 있을 것 같네.

대충 설명하면 이런 식으로 전투를 수행했다. 수류탄으로 참호의 적을 쓰러뜨리고 한 블록을 제압하면, 다음 모서리에 수류탄을 던지고 조금씩 진지를 넓혀 간다.

Sturmpanzer A7V

'전선 업무'를 경험한 자립형 역전의 용사들이라 표현하고 싶다.

정말 전문가다운 모습이다!

자세한 내용은 《무기와 폭약》 (武器と爆薬. 고바야시 모토후미 지음. 호비스트)을 참고하면 된다.

힘으로 짓밟는

전차의 발상과는 상당히 다르네.

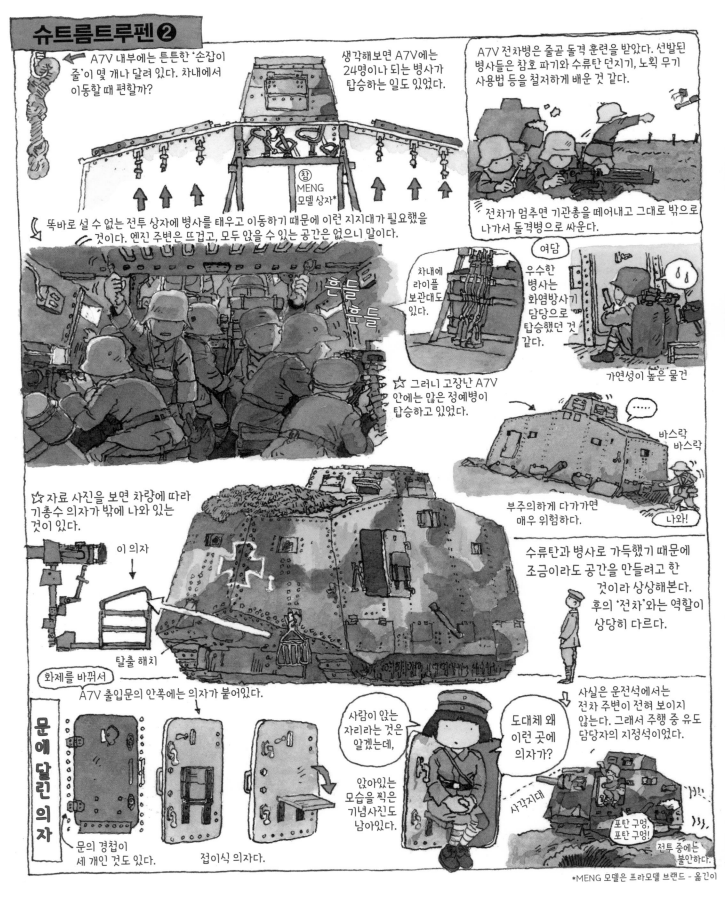

# 슈트름트루펜 ❷

← A7V 내부에는 튼튼한 '손잡이 줄'이 몇 개나 달려 있다. 차내에서 이동할 때 편할까?

생각해보면 A7V에는 24명이나 되는 병사가 탑승하는 일도 있었다.

A7V 전차병은 줄곧 돌격 훈련을 받았다. 선발된 병사들은 참호 파기와 수류탄 던지기, 노획 무기 사용법 등을 철저하게 배운 것 같다.

(참) MENG 모델 상자*

↙ 똑바로 설 수 없는 전투 상자에 병사를 태우고 이동하기 때문에 이런 지지대가 필요했을 것이다. 엔진 주변은 뜨겁고, 모두 앉을 수 있는 공간은 없으니 말이다.

전차가 멈추면 기관총을 떼어내고 그대로 밖으로 나가서 돌격병으로 싸운다.

흔들 흔들

차내에 라이플 보관대도 있다.

여담
우수한 병사는 화염방사기 담당으로 탑승했던 것 같다.

가연성이 높은 물건

☆ 그러니 고장난 A7V 안에는 많은 정예병이 탑승하고 있었다.

·····

바스락 바스락

부주의하게 다가가면 매우 위험하다.

나와!

☆ 자료 사진을 보면 차량에 따라 기총수 의자가 밖에 나와 있는 것이 있다.

이 의자

탈출 해치

수류탄과 병사로 가득했기 때문에 조금이라도 공간을 만들려고 한 것이라 상상해본다. 후의 '전차'와는 역할이 상당히 다르다.

화제를 바꿔서
A7V 출입문의 안쪽에는 의자가 붙어있다.

**문에 달린 의자**

문의 경첩이 세 개인 것도 있다.

접이식 의자다.

사람이 앉는 자리라는 것은 알겠는데,

앉아있는 모습을 찍은 기념사진도 남아있다.

도대체 왜 이런 곳에 의자가?

사실은 운전석에서는 전차 주변이 전혀 보이지 않는다. 그래서 주행 중 유도 담당자의 지정석이었다.

사각지대

포탄 구멍, 포탄 구멍

전투 중에는 불안하다.

*MENG 모델은 프라모델 브랜드 - 옮긴이

134

이어서 A7V 조종에 관한 이야기다. 운전석은 엔진 위 차체 한가운데에 있다.
큰 힘을 내는 엔진을 만들 수 없어서 엔진 두 개를 설치했고, 각 엔진은 무한궤도의
좌우 한쪽씩을 담당했다.

A7V는 상당수 부품을 '있는 것'으로 어떻게든 때웠으므로 이 부분의 프레임 재료도 전용으로 설계된 것이 아니다.

이것은 엔진 점화장치인 것 같다.

전기계통 스위치

후진 조작 레버다. 좌우 반대로 하면 스핀턴(spin turn)도 가능하다.

오른쪽 궤도 브레이크

시프트 레버

왼쪽 궤도 브레이크

스티어링휠

좌우 엔진의 회전을 바꿔 부드럽게 방향을 틀 수 있다.

두 엔진 속도를 함께 조작하려면 가운데 레버를 사용한다.

클러치 페달. 상당히 높은 곳에 있다. 줄곧 발을 올려놓고 있을 수는 없었을 것 같다.

《THE GERMAN A7V TANK》를 보고 그린 그림이다(58쪽, 다임러 벤츠가 소장하고 있는 사진).

연료탱크가 2개다.

의자를 뗐지만, 여기에 지휘관 자리를 설치한다.

초기의 몇 대는 운전석 뒤에 소화기가 있었다.

이것

장갑이 없는 A7V 섀시를 사용한 수송 차량이다.

제법 높은 곳에 레버가 있어서 막대가 엔진을 가로질러 클러치와 브레이크에 닿아있다.

🔿 앞쪽은 이런 느낌이다.
실린더에 가솔린을 보내는 프라이밍 펌프.

겨울 시동용 혼합

연료탱크

엔진용 대형 회전 속도계

앞뒤에 라디에이터가 있다. 앞쪽은 왼쪽 엔진용이다.

⬅ 이 두 개는 분명하지 않다. 급유를 위한 것이라고 추측해본다.
🔿 그리고 사격 관제 램프 스위치도 지휘관 근처에 있어야 하는데 잘 모르겠다.

유압 게이지가 전류계

이런 형태의 소화기

비슷한 시기의 소화기를 참조했다.

뒤쪽에 튀어나온 부분을 누르면 소화액이 분사된다.

푸슉

※ 채색은 각켄*에서 나온 《역사 군상 시리즈 그림으로 설명하는 제1차 세계대전 하》의 MENG 모델 조립도 등을 참고했다.

☆ 마크 IV는 이런 진흙탕에서도 달릴 수 있었지만, 고른 땅에서도 시속은 6km였다.

A7V는 험한 길에서는 움직이지 못했지만, 단단한 땅에서는 시속 14~15km로, 중간 속도로 달리는 말과 비슷했다.

이렇게 큰 것을 비좁은 전차 안에서 사용하는 것은 힘들었을 것 같아. 화재는 심각한 문제여서 두 번째 생산 로트에서 나온 A7V에는 경고등을 설치했지.

영국군 소화기의 형태

• 독일 전차의 원조 A7V가 이동하는 사진을 보고 그렸다. A7V는 평지에서는 평소대로 달리고 화력도 강했지만, 무엇보다 생산 대수가 20대밖에 안됐다. 그리고 이 시기의 전차가 가진 공통 문제인 엔진의 전차 안 설치 문제로 차내는 덥고 공기도 나빴다. 그래서 오래 전투를 수행할 수 없었다.

더워서 승무원은 금방 ↗ 밖으로 나올 수밖에 없다.

기계적으로도 미숙해서 하루 움직이고 나면 돌아가서 수리를 받아야 했다.

• WW1 당시의 독일 전차부대의 대부분은 영국군 탱크를 배앗아 만든 것이었다.

# 초중전차 K바겐

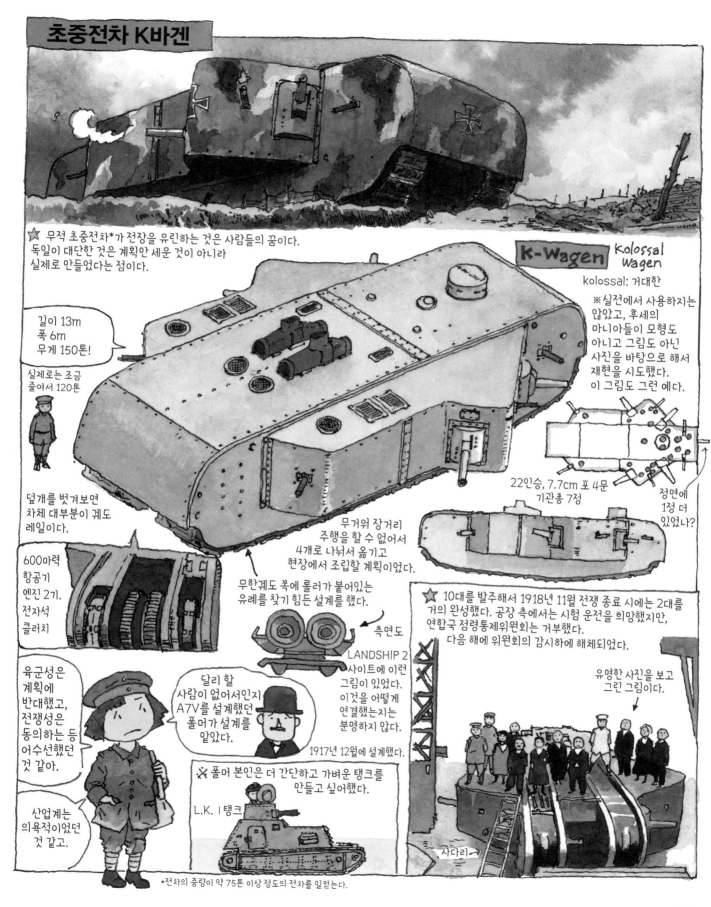

☆ 무적 초중전차*가 전장을 유린하는 것은 사람들의 꿈이다.
독일이 대단한 것은 계획만 세운 것이 아니라
실제로 만들었다는 점이다.

**K-Wagen** Kolossal Wagen

kolossal: 거대한

※ 실전에서 사용하지는 않았고, 후세의 마니아들이 모형도 아니고 그림도 아닌 사진을 바탕으로 해서 재현을 시도했다. 이 그림도 그런 예다.

길이 13m
폭 6m
무게 150톤!

실제로는 조금 줄여서 120톤

덮개를 벗겨보면 차체 대부분이 궤도 레일이다.

600마력 항공기 엔진 2기. 전자석 클러치

무거워 장거리 주행을 할 수 없어서 4개로 나눠서 옮기고 현장에서 조립할 계획이었다.

무한궤도 쪽에 롤러가 붙어있는 유례를 찾기 힘든 설계를 했다.

측면도

22인승, 7.7cm 포 4문 기관총 7정

정면에 1정 더 있었나?

LANDSHIP 2 사이트에 이런 그림이 있었다. 이것을 어떻게 연결했는지는 분명하지 않다.

1917년 12월에 설계했다.

달리 할 사람이 없어서인지 A7V를 설계했던 폴머가 설계를 맡았다.

육군성은 계획에 반대했고, 전쟁성은 동의하는 등 어수선했던 것 같아.

산업계는 의욕적이었던 것 같고.

※ 폴머 본인은 더 간단하고 가벼운 탱크를 만들고 싶어했다.

L.K. I 탱크

☆ 10대를 발주해서 1918년 11월 전쟁 종료 시에는 2대를 거의 완성했다. 공장 측에서는 시험 운전을 희망했지만, 연합국 점령통제위원회는 거부했다. 다음 해에 위원회의 감시하에 해체되었다.

유명한 사진을 보고 그린 그림이다.

사다리

*전차의 중량이 약 75톤 이상 정도의 전차를 일컫는다.

# 전차 vs 전차 1918 ❷

사상 최초로 벌어진 전차전 2회째인 1918년 4월 24일, 안개 속에서 독일 전차가 나타났다!

↑ 독일의 A7V 561호. 'Nixe' 정면의 V 마크는 2013년에 나온 《MARK IV vs A7V》에서 확정한 것 같다.

㉠ 몇 명의 승무원은 빠져 있지만 영국군 탱크 부대도 숲에서 출동했다.

**덜컹덜컹**

보병이 '독일 탱크가 온다'라고 알려주기 위해 참호에서 왔다!

전차 안에 가스가 가득 차 있다.

돌격 보병들이 잔뜩 있다!

양쪽 군의 보병들은 '전차 결전'을 긴장하며 지켜봤다고 한다.

남성형 1대, 여성형 2대. 차체가 가스탄으로 젖어있어 병사들은 눈물을 흘리며 조종했다.

마크 IV는 서스펜션이 없어서 덜컹덜컹 흔들렸다.

작은 요철에도 아래위로 심하게 움직였다.

**콰광**

목표물을 전혀 겨냥할 수 없었다.

그렇다기보다 '독일군 전차'에 대한 대책이 전혀 없었다.

• 2대인 여성형 전차는 차체에 커다란 구멍이 생긴 채 금방 후퇴한다. A7V는 정면에 대포도 있고, 자랑인 용수철 서스펜션이 유리하게 작용했다.

남은 남성형 마크 IV는 포격하기 쉬운 장소로 이동해서 좌현을 적의 전차 방향으로 돌렸다. 마치 전함 같다.

포수의 눈은 가스로 인해 부어있었다고 한다.

장전수 없음

우왓-!

포수 전사, 치명상 2명, 경상 3명

• 그 후 마크 IV (4086호)는 조금 더 활약했다. 하지만

빙글빙글

**콱!**

Mephisto

주포가 다른 타입

㉡ 몇 발 쏴서 거리를 측정하고 나서 A7V의 주포 오른쪽에 명중시켰다. 살아남은 독일 병사는 전차에 포탄 외에도 수류탄과 폭발물이 가득 실려 있었기 때문에 대폭발을 염려해 전차에서 탈출했다.

↖ 그리고 나중에 다시 돌아와서 탑승하고 돌아갔다.

무한궤도가 박격포에 맞아 빙글빙글 돌기 시작한다. 조종 불능이라 전차병들은 탈출한다. 대체로 이런 느낌이었던 것 같다.

참고로 현존하는 유명한 A7V 메피스토 호도 이날 전투로 생긴 구덩이에 빠져 호주군에게 포획당했다.

## 보충 칼럼 27　건터 버스틴 기사의 계획안

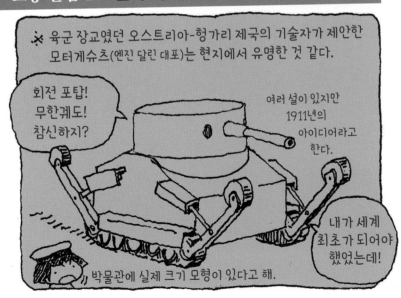

# 전차 회수부대-캉브레
## 영국 탱크로 구성된 독일군 부대

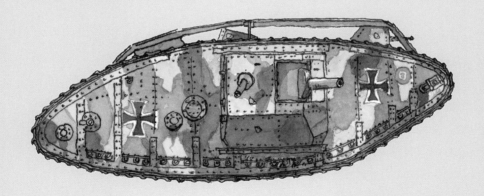

# 노획 전차 ~ Beute Tank

제1차 세계대전 당시에는 오늘날 사용하는 전차라는 단어가 없어서 독일군은 영국 탱크를 '전투차량'이나 '장갑 자동차', 혹은 영어 발음 그대로 '탱크'라고 불렀다고 합니다. 지금은 전차를 의미하는 단어인 '판처(panzer)'는 당시에는 '장갑'이라는 의미밖에 없었습니다.

독일군이 사용한 영국 탱크는 주포를 바꾸거나 해치를 설치하는 등의 모습으로 개조되었지만, 기본적으로는 영국의 마크 Ⅳ 전차 그대로입니다. 다만 큼직한 독일 국적 마크가 그려져 있을 뿐입니다.

1917년 11월 캉브레 전투에서 영국군은 전차 300대를 투입하였습니다. 전투가 진행되면서 독일군이 전선을 회복한 후 전장에는 파괴된 영국 전차가 대량으로 남아 있었습니다. 당시 전차는 사용하면 금방 고장나는 존재였습니다. A7V는 그 수가 적었고 1918년 봄에는 제조도 끝났기 때문에, 독일군이 전차부대를 편성하려면 노획한 영국 탱크를 사용할 수밖에 없었습니다. 그래서 영국과 독일 양쪽 진영에서는 같은 마크 Ⅳ를 상대해야 했습니다.

마크 Ⅳ의 속도는 돌격부대가 함께 작전을 수행하기에는 너무 느리다고 여겨졌던 것 같습니다. 비교적 속도가 빠른 마크 A 휘핏 중전차는 전차포가 없어서 전차부대에 포함되지 못했습니다. 참고로 프랑스 전차(슈네데르 CA, 생샤몽)는 고장이 없는 경우 보병부대가 현지에서 망가질 때까지 사용하기도 했지만, 기본적으로 A7V보다 주행 성능이 떨어진다고 여겨 굳이 포획해서 수리하지 않고 전장에 내버려 뒀다고 합니다.

● Ⅳ호 노획 전차(마크 Ⅳ 전차 개조 사양)
중량 13.5t
승무원 12명
5.7cm 포 2문 / 8mm 기관총 4정
장갑 두께 6~12mm
다임러 포스터 수랭식 가솔린 엔진 105마력 1기
속도 7.4km/h
길이 8,047mm / 폭 3,200mm / 높이 2,438mm

# 독일의 포획 전차부대 ❶

캉브레 전투에서 대량 투입된 영국군 전차와 맞닥뜨린 독일군. 영국군에 비해 독일군은 전차가 너무 부족했다. 이 상황을 어떻게 극복할까? 그렇지, 주워오면 되잖아! 이번에는 포획 전차에 관한 이야기이다.

이야기가 이리 튀고, 저리 튀네.

'캉브레 전투'에 관한 내용은 1부에 상세하게 실려 있다.

● 독일군은 1917년에 영국 탱크를 입수했고, 고르지 않은 땅을 돌파하는 무한궤도의 능력을 어느 정도 높게 평가했다.

A7V의 주행 장치 개선 명령을 내렸다.

프랑스 전차는 낮게 평가했다.

...... 홀트 그대로 ↔ 왜-?

☆ 처음으로 '살아있는' 마름모꼴 전차를 손에 넣은 때가 1917년 11월이다.

프리츠 로이 하사가 성공적으로 회수했다.

중간 지대에 버려진 마크 Ⅳ를 시간을 들여 몰래 수리한 다음 탑승해서 돌아왔다고 한다.

F13 팔콘 호. 여기저기에 구경거리가 된 사진이 남아있다.

A7V 계획에 참여했기 때문에 전차를 잘 알지.

미리 이야기를 듣고 모두 기다렸다.

드드드

## 전차 회수부대 - 캉브레

육군 최고사령부는 자동차 수송부대에 전차 회수와 활용을 명령했다. 전차 회수부대 캉브레(Tank Recovery Command-Cambrai) 라는 전차 전문 포획부대가 탄생했다. 적극적으로 수집하러 돌아다녔다!

왜냐하면 국산 탱크는 종전 때까지 20대밖에 만들지 못했잖아.

● 동시에 재생 센터도 설치한다. 바이에른 육군 자동차 제20 병기창에 그 임무를 맡긴다.

'B.A.K.P. 20'으로 줄였던 것 같다. 멋지다!

Bayerisher Armee-kraftwagen-Park 20

※ 차량 색은 추정해본 것이다. 자동차 부대의 모자 밴드는 파란색이 괜찮을까?

포획해 온다고 해도 대개 포격이나 자폭으로 인해 파괴되어 있었다. 사태를 더 귀찮게 만든 것은 적 장비와 희소 금속을 가지고 가면 포상금을 받을 수 있어서, 서두르지 않으면 우리 편이 전부 분해해 버린다는 점이었다.

우와!

# 독일의 포획 전차부대 ❷

☆ 1918년 독일군 춘계 공세의 결과로 수복한 지역에 대략 300대의 영국 전차가 남겨져 있다는 것을 알았다. 쓸 만한 것은 전부 회수해야지!

포획 탱크 열차

가장 큰 적은 아군 병사에 의한 부품 빼가기였다. 사령부는 포획 탱크에 대한 경비를 명령했다.

※ Jochen의 《Beute-Tank》를 통해 여러 이미지가 분명해졌다. 이번 이야기는 이 책의 도움을 많이 받았다.

B.A.K.P. 20 보관소 사진을 참고했다.

어느 공장인지 모르겠다!

높은 대를 만들어서 끌어 올렸다.

안전했는지 상당히 가벼운 복장이다.

또는 수송용 A7V로 견인해서 모았다.

↑ 판자벽은 20세기 초 크루프 공장의 컬러 사진을 참고로 채색했다.

전차 수리는 벨기에 공장의 시설을 이용했다. 원래 자동차와 철도 화물차를 만들던 곳이라 선로도 있었다.

탱크 70대를 수리 및 보수할 수 있는 공간이다.

벨기에 노동자도 점점 늘어나고 공장도 확대되었다.

여성 노동자도 많지 않기 때문에 여성용 설비를 증설했다.

그렇다고 해도 마크 IV에 독일군 기관총을 설치하는 것은 어려웠어.

영국군의 루이스 기관총으로 독일군 총알을 발사할 수 있게 개조(!)해서 사용했대.

독일군이 설치한 5.7cm 포도 보호판에 틈이 생겨 주위에 장갑판을 덧붙였다.

정면에 대전차 라이플을 설치하기도 했다.

여성용 부엌도 만들었다고 해.

용수철로 지탱하고 있다. 후일의 독일 전차 같다.

루이스 기관총 개조에 관한 자세한 내용은 잘 모른다.

같은 사진을 여기저기서 볼 수 있다.

참 《Beute-Tank》 (Tankograd-world war One 2011) 《The German A7V Tank》 (Haynes 1990) 등.

이렇게 수리·재생된 독일군 마크 IV 탱크는 선명한 십자 마크를 가지고 전선으로 향한다.

• 시트와 열차의 색은 상상으로 그렸다.

☆ 몇 개 존재하던 독일군 돌격 전차부대는 대부분 포획한 마크 Ⅳ를 사용했다. 그래서 전장에서 달리는 탱크는 영국과 독일 모두 마크 Ⅳ였던 것이다.

독일군은 화력을 중시해서 돌출 측면 포탑을 교체해

양성 구유형(자웅 동체)으로 만들고 싶어 했다.

뒷부분에는 국가 문장을 커다랗게 그려 넣었다.

• 보병사단이 탱크와 공동 작전을 펼칠 때 주의할 점이 있어서 소개한다.

• 탱크부대와 밀접한 연계가 필요하지만, 보병부대는 탱크의 행동에 좌우되어서는 안 된다.

무엇을 하더라도 처음인 것이다!

• 탱크는 짧은 시간 동안 자주 정지하지만, 이것은 기술적인 문제 또는 포격을 위해서다.

• 보병은 탱크에 지나치게 가까이 접근해서는 안 된다. 탱크는 적의 공격을 부르기 때문이다.

• 탱크는 종종 지그재그로 이동한다.

어?

컥!

휙~

• 탱크가 적진을 뭉개버리면, 보병은 늦지 않게 따라가야 한다. 탱크는 점령지를 확보할 수 없기 때문이다.

• 탱크 승무원은 돌격병 훈련도 받았다. 멈춰버렸을 때는 방어를 위해 전차의 기관총을 꺼내 탱크 근처에 설치했다.

루이스 총 →

• 임무 종료 후에 탱크가 다음 임무를 위해 철수하더라도 보병은 화를 내서는 안 된다.

이런~

이 탱크들은 포획한 영국 탱크이며, 양쪽 측면에 커다란 철십자 마크가 있었다고 해.

※돌격병과 같은 가죽 무릎 보호대를 한 전차병 사진도 있다.

☆ 실전에서는 속도가 느려서 영국 포병의 표적이 되었다.

아잇!

이와 달리 A7V는 지면이 단단하고 평평하면 잘 달렸다.

마크 Ⅳ보다 맞추기 어렵다.

☆ 탱크부대는 탱크가 망가지면 미련 없이 버렸다. 이 때문에 전차를 계속 포획해야 해서 재생 공장은 쉴 수가 없었다.

아무리 공짜로 주었다고 해도

돌격부대가 순조롭게 전진하면 탱크가 전혀 따라가지 못했다.

하지만 너무 느려 비행기가 투하하는 폭탄에 명중되기도 했다.

망가지는 속도와 재생하는 속도가

☆ 다만 적진에 야포가 없으면 장갑 전투차량은 무적이라 나름대로 전과를 올렸다.

우와~

균형을 이루지 못하네.

포획한 마크 IV의 전투 기록을 수집했더니 '독가스 운반 트럭이 넘어져 도로가 막히는 바람에 이동하지 못한다'라는 기록도 있다. 제1차 세계대전다운 상황이다.

가스가 샜는지는 분명하지 않다.

☆독일군 돌격 전차부대 대부분은 마크 IV였지만, A7V에 비해 상세한 기록이 적다. 망가질 때까지 탑승해서일까?

위장색 도장을 공장(?)에서 마치고 출하된다.

• 이번에는 전차병에 관한 이야기다.

기본적으로는 영국군 시절의 마크 IV와 같은 에피소드다. 조종은 3명(운전사와 좌우 변속수)이 했고, 차장과 포 담당(좌우 두 명씩)을 포함해 전부 8명이 탑승했는데, 독일군은 여기에 4명을 추가했다.

포탄에 맞으면 바로 망가지고 불에 타서 독일군은 탈출구를 증설했다. 영국군에서는 제각각이었던 사령탑 상부 해치를 표준 장비로 통일했다.

꼭 포탄에 맞지 않더라도 어디선가 금방 불을 뿜는다. 그 시절에는 흔한 일이었다.

신호수

어디 공장인지 모르겠다!

상급 NCO(하사관)가 뒷부분 감시탑에서 빛을 냈다.

L-Blink 17 Flashlight

부조종사는 이 부근에서 대기했다.

소리를 전달하는 관을 사용하며 지휘한다.

← 오른쪽 승무원 생략.

전령병

화르륵

운전수

어떤 것인지는 알 수 없다.

지휘관

변속수(왼쪽)

그래서 방화복을 입은 승무원이 많다.

전방 기총수

포수

장전수

*사람이 많은 이유는 애초부터 '기총수'는 '기총수'로 양성된 병사들을 모았기 때문인 것 같다. 영국군과 달리 '전차병'을 처음부터 양성하지는 않았다.

전령병

5.7cm 포로 바뀌었다.

지휘관과 운전사 사이에 웅크리고 있다(!) '크라우칭*'하고 있는 것 같다.

'땅딸막한 해머'의 형태는 정확하지 않다.

석면이 들어 있다고 한다.

영국군으로부터 뺏은 것을 복제해서 사용했다.

*A7V와 달리 장갑판이 잘 깨져 눈을 보호해야만 했다'라고 하지만 비교 대상이 너무 적다.

전령병에게 가장 중요한 장비는 해머였다. 장갑판을 두드려서 해치를 열게 한다.

서스펜션이 없어서 헤드 패드 같은 것이 필수품이었다.

타타타타

콰

☆멈추면 대포의 표적이 되어 단숨에 파괴되었다. 그래서 멈출 수가 없었다.

달리면서 발사할 수 있는 기관총은 장갑판으로 덮지 않아서 금방 망가졌다.

외부 통화 장치나 무선 장비도 없다!

이 이미지가 제1차 세계대전의 전차를 대표하는 것에도 이유가 있었다.

원래 주인인 영국군에게 파괴된 사진

포격하려면 멈춰야 하니까 포격은 하지 않았대.

즉, 임무의 대부분은 짓뭉개는 것이었지.

콰악

*스키 속도를 높이기 위한 기술 중 하나로 활강 속도를 빠르게 하기 위해 몸을 움츠리는 자세

# 2부 마치며

||||||||||||||||||||||||||||||||||||||||||||||||||||||||||||||||||||||||||||||||||

제 앞에는 어린 시절 푹 빠져서 읽고 나중에 헌책방에서 다시 산 《소년·소녀 고단샤 문고》(少年少女講談社文庫)가 있습니다. 권말에 있는 '간행에 부치는 말씀'을 인용하겠습니다.

"여러분, 소년·소녀 시절은 우리 마음의 고향입니다. 이 무렵 푹 빠져서 읽은 책에 관한 기억은 평생 사라지지 않습니다. 나이가 들어도 되살아나서 마음을 따뜻하게 해주고, 살아갈 용기와 남을 배려하는 친절함을 불러일으켜 줍니다."

마음에 스며드는 글입니다. 제게는 이 시리즈 중 《세계 전차 도감》(図鑑世界の戦車)이 그랬습니다. '하필이면 전차냐!'라고 생각할 수도 있습니다. 책등은 주황색이고 기분이 좋아 보이는 올빼미 캐릭터가 있습니다. 커버를 벗기면 표지에는 영국의 마틸다 전차의 정밀한 그림이 있고, 속표지에는 녹색 A7V가 그려져 있습니다. 내용은 어린이를 위한 것이어서인지, 당시 시대가 그랬는지 지금 보면 상당히 대강 기술하고 있습니다. 그럼에도 불구하고 이 책으로 주입한 전차에 관한 지식은 분명히 제 인생의 깊은 곳에 자리하고 있습니다.

〈아머 모델링〉 2004년 4월호부터 '전차란 무엇인가'라는 연재를 시작했습니다. 당시 편집장이었던 깃쇼지 가이토에게 '이런 식으로 전개하고 싶다'라는 메모를 건네고 승낙 받았던 것으로 기억합니다. 이 책 1부 제1장 전차 이전 부분입니다. 이때부터 수수께끼와 같은 새 연재를 시작했습니다. 저로서는 근대의 전차를 향해 착실하게 다가갈 생각이었지만, 몇 회가 지나도 친근한 전차는 등장하지 않았습니다. 회전 포탑도 없는 마름모꼴 탱크가 등장할 때까지 잡지 연재에 2년이나 시간이 걸렸습니다. 마침내 깃쇼지도 잡지사를 떠났고, 독일 전차 편을 허둥지둥 마친 시점에서 연재도 일단 중단되었습니다. 제1차 세계대전의 전투차량이 별로 인기가 없기도 했습니다.

그 후 얼마간 모형과 전투 기록에 관한 기사를 그리며 제1차 세계대전 당시의 전차 관계 자료를 착실히 모았습니다. A7V 전차에 관한 고전이 업데이트되어, 본 적도 없는 사진과 함께 새로운 연구 서적을 탱코그라드 사(TANKOGRAD. 독일의 출판사)가 출판하고, 프랑스 전차에 관한 영어로 된 전문 서적이 출판되는 등 자료는 꾸준히 늘어났습니다.

2011년에는 당시 편집장이던 신도 마사카츠가 '그 연재 재개합시다'라고 이야기해줬습니다. 몇 년간의 휴식을 거친 후의 새 연재라서 첫 페이지 제목이 《돌아온 탱크의 탄생》으로 되어 있었습니다. 운 좋게 당시 담당 편집자가 부친의 업무 관계로 어린 시절을 프랑스에서 보내서 가족 모두 '프랑스어를 읽을 수 있다!'라는 것이 큰 도움이 되었습니다. 프랑스의 사진 잡지에서 오려낸 글이나 고유명사 읽는 법을 배울 수 있어서 크게 신세를 졌습니다.

1부를 마칠 때도 썼지만, 십수 년이라는 시간은 나름 컸던 것 같습니다. "중요한 글쓰기용 플러스펜이 부러진" 것도 그랬지만, 칠하는 방법이나 문체의 느낌·필자의 입장 등도 상당히 변했습니다. 연재를 재개한 뒤에도 쉬엄쉬엄, 이리저리 제멋대로 주제를 바꿔가며 연재를 계속했습니다. 일례로 이 책의 독일 전차 부분에서 A7V ④와 슈트룸트루펜 ①의 사이에는 약 8년의 세월이 지났습니다. 이 부분은 손보기 시작하면 끝이 없어서, 기본적으로 연재 당시의 형태 그대로 실었습니다. 근대 전차 탄생 100년에 맞춰 출간한 1부와 함께 연재 순서대로 읽어보면 당시 독자 분들의 당혹감을 직접 경험하실 수 있을 겁니다.

이런 연재를 계속하게 해주는 〈월간 아머 모델링〉과 지금 편집장인 사이토 요시타카, 도움을 주신 아트박스의 역대 편집부의 여러분, 협력해주신 모든 분께 감사드립니다. 2부 단행본 작업을 해주신 깃쇼지, 니와 가즈오에게 감사합니다.

끝으로 연재를 재개할 때 담당한 고(故) 가시와기 에이지에게 가장 큰 감사를 드립니다. 형님이 계시지 않았다면 이 연재는 상당히 달라졌을 것입니다. 원고를 보고 있으면 당시 나눴던 잡담이 떠오릅니다.

2017년 8월 모리나가 요우

# 참고 문헌

《20세기의 역사 제1차 세계대전 상·하》(20世紀の歴史 第1次世界大戦 上·下), J. M. 윈터, 1990

《8월의 포성》(八月の砲声, The Guns of August), 바바라 터크먼, 평민사, 2008

《J-Tank 별책 일본육군의 영국제 A형 전차 휘핏》(別冊 日本陸軍の英国製A型戦車ホイペット), 시모하라구치 오사무, 2015

《각켄 대도감 세계의 전차와 장갑차》(学研の大図鑑 世界の戦車·装甲車), 2003

《그림으로 해설하는 레오나르도 다 빈치》(図説 レオナルド·ダ·ヴィンチ), 사토 고조, 아오키 히로시, 1996

《기관총의 사회사》(機関銃の社会史), 존 엘리스, 1993

《나의 반생》(わが半生), 윈스턴 처칠, 1965

《대전차전》(対戦車戦), 존 위크스, 1980

《도해 고대병기》(図解 古代兵器), 미즈노 히로키, AK커뮤니케이션즈, 2012

《독일 전차 발달사 – 전차 잡학 대백과》(ドイツ戦車発達史 戦車ものしり大百科), 사이키 노부오, 1999

《메카닉북스 3 세계의 전차》(メカニックブックス3 世界の戦車), 케네스 맥세이, 1984

《모델 아트 12월 임시증간호 독일 초중전차 마우스》(モデルアート12月臨時増刊ドイツ超重戦車マウス), 1996

《무기》(武器), 1982

《보어전쟁 – 금과 다이아몬드와 제국주의》(ボーア戦争 金とダイアと帝国主義), 오카쿠라 다카시, 1986

《비주얼 박물관 르네상스》(ビジュアル博物館 ルネサンス), 앤드류 랭글러, 1999

《비주얼 박물관 제1차 세계대전》(ビジュアル博物館 第一次世界大戦), 사이먼 애덤스, 2002

《세계의 전차》(世界の戦車) 기쿠치 아키라, 1976

《세계의 전차 1915-1945》(世界の戦車1915-1945), 피터 체임벌린 & 크리스 엘리스, 1997

《세계전쟁: 현대의 기점 – 제1차 세계대전 1권》(世界戦争 現代の起点 第一次世界大戦 第1巻), 야마무로 신이치, 2014

《세계 전차 도감》(図鑑世界の戦車), 알루민 할리, 1974

《수류탄과 박격포》(手榴弾·迫撃砲), 이언 포그, 1974

《아머 모델링 8월호》(アーマーモデリング8月号), 2000

《역사 군상 시리즈 그림으로 설명하는 제1차 세계대전 상·하》(歴史群像シリーズ 図説第一次世界大戦 上·下), 2008

《월간 전차도 증간 제6호》(月刊戦車道 増刊第6号), 2014

《전차 대돌파 제1차 세계대전 전차전》(戦車大突破 第一次世界大戦の戦車戦), D. 오길, 1980

《전차 메카니즘 도감》(戦車メカニズム図鑑), 우에다 신, 길찾기, 2011

《제1차 세계대전》(第一次世界大戦), 기무라 세이지, 2014

《제1차 세계대전》(第一次世界大戦), 리델 하트, 2000

《제1차 세계대전 개전 원인 재검토 – 국제분업과 민중 심리》(第一次世界大戦 開戦原因の再検討 国際分業と民衆心理), 오노즈카 도모지, 2014

《제1차 세계대전의 기원》(第一次世界大戦の起源), 제임스 졸, 1997

《철조망의 역사 – 자연·인간·전쟁을 변모시킨 음의 대발명》(鉄条網の歴史-自然·人間·戦争を変貌させた負の大発明), 이시 히로유키, 이시 미키코, 2013

《프랑스 독일 공동 역사교과서 제1차 세계대전 상·하》(仏独共同通史 第一次世界大戦 上·下), 장 자크 베켈, 겔트 크루마이히, 2012

《화기의 탄생과 유럽 전쟁》(火器の誕生とヨーロッパの戦争), 버트 S 홀, 1999


Armored Units of the Russian Civil War, David Bullock, Osprey Publishing, 2006.

Army Uniforms of World War 1, Andrew Mollo, Blandford Press, 1977.

Beute-Tanks British Tanks in German Service Vol.1, Vol.2, Rainer Strasheim, Tankograd Publishing, 2011.

British Mark I Tank 1916, David Fletcher, Osprey Publishing, 2004.

British Mark IV Tank, David Fletcher, Osprey Publishing, 2007.

Cambrai 1917: The Birth of armoured warfare, Alexander Turner, Osprey Publishing, 2007.

French Tanks of World War I, Steven J. Zaloga, Osprey Publishing, 2010.

German Panzers 1914-18, Steven J. Zaloga, Osprey Publishing, 2006.

L'Illustration Journal Universel Hebdomadaire No. 3969, 1919.

Mark IV vs A7V : Villers-Bretonneux 1918, David Higgins, Osprey Publishing, 2013.

Medium Mark A Whippet, David Fletcher, Osprey Publishing, 2013.

SCHNEIDER CA ST. CHAMOND, 2008.

STEAM ON THE ROAD, David Burgess, Wise Hamlyn, 1974.

Tank Mechanical Maintenance Mark IV Tank, MLRS, 2006.

TANKS AND TRENCHES, David Fletcher, Alan Sutton Publishing, 1994.

The British Army 1914-18, D.S.V.Fosten & R.J.Marrion, Osprey Publishing, 1978.

The British Tanks 1915-19, David Fletcher, The Crowood Press, 2001.

The German A7V Tank and the Captured British Mark IV Tanks of World War I, Maxwell Hundleby, Haynes Pubns, 1990.

The German Army 1914-18, D.S.V.Fosten & R.J.Marrion, Osprey Publishing, 1978.

THE SOMME THEN AND NOW, John Giles, After The Battle, 1986.

World War I Gas Warfare Tactics and Equipment, Simon Jones, Osprey Publishing, 2007.

**모리나가 요우의 일러스트로 보는**

# 탱크의 탄생

**1판 1쇄 발행** 2020년 5월 25일
**1판 4쇄 발행** 2025년 5월 12일

글·그림 모리나가 요우
번역 전종훈
펴낸이 김영곤
펴낸곳 ㈜북이십일 레드리버

**편집팀** 정지은 김지혜 박지석 이영애 김경애 양수안
**출판마케팅팀** 남정한 나은경 한경화 권채영 전연우 최유성
**영업팀** 한충희 장철용 강경남 황성진 김도연
**제작팀** 이영민 권경민
**외주편집** 안영이
**디자인** 02정보디자인연구소

출판등록 2000년 5월 6일 제406-2003-061호
주소 (10881) 경기도 파주시 회동길 201(문발동)
대표전화 031-955-2100  팩스 031-955-2151  이메일 book21@book21.co.kr

ISBN 978-89-509-8598-1 04920

## 5 2차대전을 종결한, 잔혹하고 압도적인 무기의 역사
### 원자폭탄

글 디디에 알칸트 외 1명, 그림 드니 로디에, 곽지원 엮음 | 값 75,000원

**"이 폭탄은 우리가 우주를 바꾸도록 만들 거예요"**
지금까지 세계를 지배하는 무기의 탄생을 다룬 최초의
그래픽 노블

## 6 꼬리에 꼬리를 무는 암살의 역사

글 존 워딩턴, 장기현 엮음 | 값 22,000원

암살, 끔찍한 살인인가, 위대한 혁명인가?
세상을 바꾼 극적인 죽음들이 쉼 없이 이어진다!

## 7 스파르타쿠스는 어쩌다 손흥민이 되었나
### 당신이 몰랐던 결투의 세계사

글 하마모토 다카시 외 1명, 노경아 엮음 | 값 14,000원

축구, 랩 배틀, 올림픽, 심지어 나치즘까지
무궁무진한 결투의 흔적을 쫓은 최초의 책! 피 흘리던
결투가 땀 흘리는 스포츠로 변하게 된 모든 이야기!

## 8 2산업혁명과 서부 개척 시대를 촉발한 리볼버의 신화
### 콜트

글 짐 라센버거, 유강은 엮음, 강준환 감수 | 값 42,000원

리볼버라는 총은 어떻게 오늘날의 미국을 만들었는가?
베스트셀러 논픽션 작가 짐 라센버거의 새뮤얼 콜트를
다룬 고자극 논픽션!

## 9 역사를 뒤집은 게임 체인저
### 화력

글 폴 록하트, 이수영 엮음 | 값 48,000원

포방부의 나라 대한민국, 화력 덕후를 위한 책이 등장했다

## 10 고대 로마 인포 그래픽

글 니콜라 기유라 외 2명, 김보희 엮음 | 값 52,000원

인포그래픽의 교과서, 〈제 2차 세계대전 인포그래픽〉
이번에는 고대 로마로 돌아왔다. 고대 로마의 역사,
종교, 경제 1200년 고대 로마의 모든 것을 담은 이야기!